기초
독일어
회화

만만한 세계도전
기초 독일어 회화

초판 1쇄 인쇄 2018년 3월 12일
초판 1쇄 발행 2018년 3월 19일

지은이 김희철
펴낸이 서덕일
펴낸곳 오르비타

출판등록 제2014-66호(2014년 11월 17일)
주소 경기도 파주시 회동길 366 (10881)
전화 (02)499-1281~2 **팩스** (02)499-1283
전자우편 orbitabook@orbitabook.com
홈페이지 www.moonyelim.com

이 책은 저작권법에 의해 보호를 받는 저작물이므로 무단 복제·전재·발췌할 수 없습니다.
잘못된 책은 구입하신 곳에서 교환해 드립니다.

ISBN 979-11-954448-9-2 (13750)
값 14,000원

김희철 지음

Orbita

머·리·말

  베를린 장벽이 무너지고, 그 다음 해인 1990년 10월 3일 마침내 통일 독일을 열망하던 동·서독 국민들은 외풍(外風)의 장애를 극복하고 평화적인 방법으로 통독을 실현시켰다. 이 역사적인 독일 통일과 함께 독일에 대한 관심이 더욱 커졌고, 독일의 국제적 위상도 점점 높아지고 있다. 이와 더불어 독일어는 국제어로서 그 중요성이 날로 더해지고 있다.

  독일은 우리의 우방이면서 분단국으로 우리와 비슷한 처지에 있었다는 점에서 우리 모두에게 특별한 관심을 가지게 했다. 오늘의 독일은 통일 초기의 어려움을 극복하고 굳건한 성장의 토대 위에서 경제대국으로의 길을 걷고 있다.

  세계화·국제화의 시대에 살고 있으며, 국제적인 교류가 어느때보다 활발해지고 있는 이때 국제어로서 그 중요성이 날로 더해지고 있는 독일어를 습득한다는 것은 매우 중요한 일이며 불가피한 현실이다.

  21세기를 맞이하여 우리가 국제 사회의 일원으로 국제화 시대에 적응할 수 있기 위해서는 무엇보다 국가나 개인 간의 의사소통 능력이 중요하다. 이는 시급한 사회적 요구이자 시대적 요구이기도 하다. 우리는 세계 속의 한국인으로서 세계화·국제화 시대에 능동적으로 대비하고, 우리 문화를 소개할 수 있는 의사소통 능력을 길러 국력을 신장하고 인류 공영에 이바지해야 할 것이다.

필자는 이 시점에서 의사소통 능력 개발을 위해 상호 의사소통을 할 수 있는 실용적이고도 필수적인 기초회화를 상황별로 세분화하여 가장 효율적으로 습득할 수 있게 집필하였다. 음성 녹음 파일을 통해서 간결한 표현들을 반복해서 듣고, 그 내용을 이해한 후 구두로 반복해서 연습함으로써 자연스럽게 의사소통이 이루어지도록 노력해야 할 것이다.

'급히도 말고 쉬지도 마라(Ohne Hast ohne Rast.)'란 독일 속담처럼 꾸준히 연습을 반복하면 반드시 큰 성과가 있을 것이다. 아무쪼록 이 책이 여러분의 참다운 벗이 되길 바란다.

2018. 3
김희철

차례

머리말 4

입문편 | 독일어 알파벳과 발음 15

제1부 인사

| 01 | Guten Tag! 24
안녕하세요!
| 02 | Es freut mich, Sie kennenzulernen. 26
당신을 알게 되어서 기쁩니다.
| 03 | Wie geht es Ihnen? 28
어떻게 지내십니까?
| 04 | Grüßen Sie bitte Ihre Frau von mir! 30
부인에게 안부 전해 주세요!
| 05 | Darf ich mich vorstellen? 32
제 소개를 해도 될까요?
| 06 | Darf ich Ihnen meine Frau vorstellen? 34
제 아내를 소개해도 될까요?
| 07 | Auf Wiedersehen! 36
또 만나요!
| 08 | Also, bis morgen! 38
그럼, 내일 만나요!
| 09 | Gute Besserung! 40
쾌유를 빕니다.
| 10 | Viel Glück zum neuen Jahr! 42
새해 복 많이 받으세요!

▶ 기본 수사 1 | 독일은 어떤 나라일까? 44

제 2 부 질문과 응답

01 Wieviel Uhr ist es? 50
몇 시입니까?

02 Der wievielte ist heute? 52
오늘은 며칠입니까?

03 Wie ist das Wetter? 54
날씨가 어떻습니까?

04 Welche Jahreszeit haben Sie am liebsten? 56
어느 계절을 가장 좋아하세요?

05 Wie alt sind Sie? 58
당신은 몇 살입니까?

06 Was sind Sie von Beruf? 60
당신 직업은 무엇입니까?

07 Woher kommen Sie? 62
어디에서 오셨습니까?

08 Was sind Ihre Hobbys? 64
취미가 뭐예요?

09 Wo ist hier die Bushaltestelle? 66
여기 어디에 버스 정류장이 있습니까?

10 Haben Sie heute abend etwas vor? 68
오늘 저녁 무슨 계획이 있습니까?

11 Haben Sie heute Zeit? 70
오늘 시간 있습니까?

12 Was kostet das? 72
이것은 얼마입니까?

▶ 기본 수사 2 | 날씨 · 계절 · 직업 | 시간 표현 74

제 3 부 예절

01 Danke! 80
감사합니다!

02 Bitte schön! 82
천만에요!

03 **Herzlichen Glückwunsch!** 84
   진심으로 축하합니다!

04 **Viel Glück!** 86
   행운을 빕니다.

05 **Vielen Dank für Ihre Einladung!** 88
   초대해 주셔서 대단히 감사합니다.

06 **Sehr gern!** 90
   기꺼이 그러죠!

07 **Heute geht es leider nicht.** 92
   오늘은 유감스럽게도 안 되겠어요.

08 **Entschuldigen Sie bitte!** 94
   죄송합니다!

09 **Entschuldigen Sie mich einen Augenblick!** 96
   잠시 실례하겠습니다.

10 **Entschuldigen Sie bitte meine Verspätung!** 98
   늦어서 죄송합니다.

▶ 독일의 주요 도시와 인구 | 독일의 역사적인 도시들 100

제 4 부　감정

01 **Es freut mich sehr.** 106
   나는 매우 기뻐요.

02 **Schade!** 108
   유감입니다.

03 **Nur keine Angst!** 110
   걱정하지 마세요.

04 **Wirklich?** 112
   정말이에요?

05 **Wunderbar!** 114
   멋있네요!

06 **Schäm dich!** 116
   부끄러운 줄 알아라!

07 **Keine Furcht!** 118
   두려워할 것 없다.

08 Ich bin von ihm enttäuscht. — 120
나는 그에게 실망했어.

▶ 발음 연습 | 독일 국가 | 속담 — 122

제 5 부 친교

01 Ich möchte Sie zum Abendessen einladen. — 126
당신을 저녁식사에 초대하고 싶어요.

02 Haben Sie morgen etwas vor? — 128
내일 무슨 계획 있으세요?

03 Herzlich willkommen! — 130
잘 오셨습니다!

04 Darf ich Ihnen noch etwas anbieten? — 132
뭘 더 드시지 않겠습니까?

05 Prosit! — 134
건배!

06 Ich muß nun gehen. — 136
이제 가야겠습니다.

07 Haben Sie zwei Plätze frei? — 138
좌석 둘 있습니까?

08 Die Speisekarte, bitte! — 140
메뉴판 좀 주세요.

09 Die Rechnung, bitte! — 142
계산서 주세요.

▶ 독일의 역사적인 인물들 | 독일어권의 음악 — 144

제 6 부 의사 표명

01 Das stimmt! — 150
맞아요!

02 Ich bin dagegen. — 152
나는 그것에 반대합니다.

03	**Darf ich eine Bitte aussprechen?**	154
	부탁 말씀 드려도 될까요?	
04	**Darf ich eintreten?**	156
	들어가도 될까요?	
05	**Wollen wir zum Essen gehen!**	158
	식사하러 갑시다!	
06	**Ich interessiere mich sehr für Sport.**	160
	나는 스포츠에 관심이 많아요.	
07	**Verstehen Sie mich?**	162
	제 말이 이해되세요?	
08	**Wie bitte?**	164
	뭐라고요?	
09	**Zeigen Sie mir bitte etwas anderes!**	166
	다른 것 좀 보여주세요.	
10	**Haben Sie etwas Billigeres?**	168
	좀 더 싼 것 있습니까?	
11	**Sei vorsichtig!**	170
	조심해!	
▶	**아름다운 독일**	172

제 7 부   전화

01	**Hallo, hier spricht Neumann.**	176
	여보세요, 저는 노이만이라고 합니다.	
02	**Hier Neumann.**	178
	노이만입니다.	
03	**Wie ist Ihre Telefonnummer, bitte?**	180
	당신의 전화번호는 어떻게 됩니까?	
04	**Sie haben eine falsche Nummer gewählt.**	182
	전화 잘못 거셨습니다.	
05	**Leider ist er nicht da.**	184
	유감스럽게도 그는 없습니다.	
▶	**독일의 교육제도**	186

제 8 부　여행

01 Ich möchte einen Flug nach Seoul buchen.　190
　　 서울행 항공권을 예약하고 싶습니다.

02 Wann kann ich an Bord gehen?　192
　　 탑승은 언제 합니까?

03 Wo ist Platz D-42, bitte?　194
　　 D-42 좌석은 어디에 있습니까?

04 Ich bin Tourist.　196
　　 저는 관광객입니다.

05 Kann man hier Geld wechseln?　198
　　 여기서 환전할 수 있습니까?

06 Haben Sie ein Zimmer frei?　200
　　 빈 방 있습니까?

07 Wie komme ich zum Bahnhof?　202
　　 역으로 가려면 어떻게 가야 합니까?

08 Einmal nach München einfach!　204
　　 뮌헨행 편도표 한 장 주세요.

09 Ist das der richtige Zug nach München?　206
　　 이 열차는 뮌헨행 열차 맞습니까?

10 Bitte, wo ist hier die Bushaltestelle?　208
　　 실례지만, 여기 버스 정류장은 어디에 있습니까?

11 Ist die U-Bahnstation hier in der Nähe?　210
　　 지하철역이 이 근처에 있습니까?

12 Taxi! Zum Flughafen, bitte!　212
　　 택시! 공항으로 가 주세요!

13 Wo ist die Touristeninformation?　214
　　 관광 안내소가 어디에 있습니까?

▶　**유로화 읽는 법 | 독일의 교통수단**　216

제9부 생활

01 Ist hier in der Nähe eine Tankstelle? 220
이 부근에 주유소가 있습니까?

02 Was kostet das Porto für diesen Brief? 222
이 편지의 우편 요금은 얼마입니까?

03 Kann ich das Kleid mal anprobieren? 224
이 옷 한번 입어 볼 수 있습니까?

04 Ich möchte ein Zimmer. 226
방을 구합니다.

05 Was kostet der Eintritt? 228
입장료는 얼마입니까?

06 Haben Sie einen Reiseführer von Berlin? 230
베를린 여행안내서 있습니까?

07 Haare schneiden bitte! 232
이발 해 주세요.

08 Eine leichte Dauerwelle, bitte! 234
약하게 파마 해 주세요.

09 Ich möchte ein Auto mieten. 236
자동차를 빌리고 싶은데요.

10 Ich habe meinen Reisepaß verloren. 238
여권을 잃어버렸습니다.

11 Was fehlt Ihnen? 240
어디가 아프십니까?

12 Geben Sie mir ein Erkältungsmittel! 242
감기약 주세요.

▶ 인체 244

부록 | 문법 변화표 / 분야별 활용 단어 245

입문편

독일어 알파벳과 발음

das Alphabet • die Aussprache

알파벳 | DAS ALPHABET

A	a	𝒜	𝒶	[aː]		Q	q	𝒬	𝓆	[kuː]
B	b	ℬ	𝒷	[beː]		R	r	ℛ	𝓇	[ɛr]
C	c	𝒞	𝒸	[tseː]		S	s	𝒮	𝓈	[ɛs]
D	d	𝒟	𝒹	[deː]		T	t	𝒯	𝓉	[teː]
E	e	ℰ	ℯ	[eː]		U	u	𝒰	𝓊	[uː]
F	f	ℱ	𝒻	[ɛf]		V	v	𝒱	𝓋	[fau]
G	g	𝒢	𝓰	[geː]		W	w	𝒲	𝓌	[veː]
H	h	ℋ	𝒽	[haː]		X	x	𝒳	𝓍	[Iks]
I	i	ℐ	𝒾	[iː]		Y	y	𝒴	𝓎	[Ýpsilɔn]
J	j	𝒥	𝒿	[jɔt]		Z	z	𝒵	𝓏	[tsɛt]
K	k	𝒦	𝓀	[kaː]						
L	l	ℒ	𝓁	[ɛl]		Ä	ä	𝒜̈	𝒶̈	[ɛː]
M	m	ℳ	𝓂	[ɛm]		Ö	ö	𝒪̈	𝓸̈	[øː]
N	n	𝒩	𝓃	[ɛn]		Ü	ü	𝒰̈	𝓊̈	[yː]
O	o	𝒪	ℴ	[oː]						
P	p	𝒫	𝓅	[peː]		ß			𝓁	[ɛsˊtsɛt]

발음 1 | Die Aussprache 1

독일어의 자모(das deutsche Alphabet)는 영어와 같이 26자인데, 이외에 독일어 고유의 모음자 셋(ä[ɛː], ö[øː], ü[yː])과 자음자 하나(ß[ɛs tsét])가 추가되어 모두 30자이다. 독일어 자음의 발음은 영어와 거의 동일하여 독일어 어휘에 대한 지식이 없더라도 쓰여 있는 그대로 읽으면 대체로 쉽게 발음된다. 그러나 소수의 복합문자, 모음의 장단 그리고 강음(Akzent)의 위치 등에 특히 주의해야 한다.

● **모음의 장단**長短

1. 장음(長音)이 되는 경우

1) 중모음일 때: Haar, Tee, Boot
2) 모음 뒤에 무음(無音)의 h가 올 때: Hahn, Ohr, Uhr, nehmen
3) -ie[iː]일 때: Liebe, Friede, wieder, liegen
4) 모음 뒤에 단자음이 올 때: Tag, Tod, Dame, geben

2. 단음(短音)이 되는 경우

1) 중자음 앞에서: Himmel, Gott, Mann, kommen
2) 복자음 및 둘 이상의 자음 앞에서: Apfel, Fuchs, Zucker, halten
3) -x 앞에서: Max, Taxi, Examen, Axt
4) 악센트가 없는 음절의 모음: Mónat, Váter, Lében, séhen

- **강음(악센트)의 위치**

1) 순수한 독일어는 대개 첫 음절에 악센트가 있다.

   Váter, Mútter, Ónkel, Tánte

2) 분리 전철을 가진 동사와 그 파생어는 모두 전철에 악센트가 있다.

   ánkommen, ábfahren, Ánkunft, Ábfahrt

3) 비분리 전철 be-, emp-, ent-, er-, ge-, ver-, zer-, miß-를 가진 동사와 그 파생어는 모두 전철 바로 다음 모음에 악센트가 있다.

   empféhlen, erfáhren, Empféhlung, Erfáhrung

4) 외래어에는 대개 끝음절이나 끝에서 두 번째 음절에 악센트가 있다.

   Studént, Universität, Natión, Musík, Muséum, Proféssor

발음 2 | Die Aussprache 2

● 모음의 종류

1. 단모음: a / e / i / o / u

단모음이란 하나의 모음이 자음과 결합하여 음절을 구성하는 경우를 말하는데, 이 단모음이 모든 발음의 기초가 된다.

Abend	**A**pfel	L**e**hrer	H**e**ft	Blum**e**
[aː]	[a]	[eː]	[ɛ]	[ə]

M**u**sik	Br**i**lle	Br**o**t	M**o**rgen	**U**hr	H**u**nd
[iː]	[i]	[oː]	[ɔ]	[uː]	[u]

2. 변모음: ä / ö / ü

변모음이란 단모음 a, o, u, 위에 Umlaut(변음 부호)를 붙여 음을 변화시킨 모음을 말한다.

K**ä**se	Gesch**ä**ft	H**ö**rer	K**ö**ln	T**ü**r	Schl**ü**ssel
[ɛː]	[ɛ]	[øː]	[œ]	[yː]	[y]

3. 중모음: aa / ee / oo

중모음이란 같은 두 개의 모음이 결합하여 하나의 음으로 발음되는 모음을 말하는데, 그 특징은 장음(長音)이다.

H**aa**r	T**ee**	B**oo**t
[aː]	[eː]	[oː]

4. 복모음: au / ai / ei / ay / ey / äu / eu / ie

복모음이란 서로 다른 두 개의 모음이 결합하여 하나의 음으로 발음되는 모음을 말한다.

Auto	Mai	Reise	Haydn	Loreley
[au]	[ai]	[ai]	[ai]	[ai]

Fräulein	Leute	Brief	Familie
[ɔy]	[ɔy]	[iː]	[iə]

● 자음의 종류

1. 단자음: b / c / d / f / g / h / j / k / l / m / n / p / qu / r / s / t / v / w / x / z

Brot	halb	Bruder	Bild	Glas	Berg	fleißig
[b]	[p]	[d]	[t]	[g]	[k]	[ç]

⚠ b, d, g가 낱말 끝에 위치하거나 어간에서 바로 뒤에 자음이 올 때는 [p], [t], [k]로 발음된다.

Café	Telefon	Hemd	Bahn	ja	Kind
[k]	[f]	[h]	[ː]	[j]	[k]

⚠ h가 모음 뒤에 위치할 때는 무음(無音)이 되며 h 앞의 모음은 장음(長音)이다.

Lampe	Mantel	Nacht	Post	bequem
[l]	[m]	[n]	[p]	[kv]

Reise	Sonne	Haus	Tisch	Vater
[r]	[z]	[s]	[t]	[f]

Villa	Wagen	Taxi	Zug
[v]	[v]	[ks]	[ts]

⚠ S 다음에 모음이 오면 탁음[z]이고, 자음이 오거나 낱말 끝에 위치할 때는 청음[s]이다.

2. 중자음: **bb** / **dd** / **ff** / **gg** / **ll** / **mm** / **nn** / **pp** / **rr** / **ss** / **tt** / **zz**

Ebbe	hoffen	Flagge	wollen	kommen
[b]	[f]	[g]	[l]	[m]
können	Lippe	Herr	Wasser	Mutter
[n]	[p]	[r]	[s]	[t]

3. 복자음: **ch** / **chs** / **ck** / **ds** / **dt** / **ng** / **nk** / **pf** / **ph** / **sch** / **sp** / **st** / **ß** / **th** / **ts** / **tsch** / **tz**

Buch	Milch	sechs	abends	nachts	sitzen
[x]	[ç]	[ks]	[ts]	[ts]	[ts]

⚠ a, o, u, au 뒤에 -ch가 올 때 -ch의 발음기호는 [x]이고, a, o, u, au 이외의 모음이나 자음 뒤에 -ch가 올 때 발음기호는 [ç]이다.

Ecke	Stadt	jung	krank	Kopf
[k]	[t]	[ŋ]	[ŋk]	[pf]
Telephon	Schule	sprechen	Stuhl	Fenster
[f]	[ʃ]	[ʃp]	[ʃt]	[st]
Straße	Theater	Deutsch		
[s]	[t]	[tʃ]		

제 1 부
인사

Erster Teil | die Begrüßung

01 | 평소에 인사할 때

Guten Tag!
안녕하세요!

 **Grundausdrücke**

▸ **Guten Morgen!**

안녕하세요! (아침 인사)

▸ **Guten Tag!**

안녕하세요! (낮 인사)

▸ **Guten Abend!**

안녕하세요! (저녁 인사)

▸ **Grüß Gott!**

안녕하세요! (남부 독일에서)

▸ **Hallo, Hans!**

안녕, 한스!

Wir lernen!

- der Morgen 아침
- der Tag 낮; 날
- der Abend 저녁
- die Nacht 밤
- Hallo! 안녕! / 여보세요! (전화에서)

- Herr Müller 뮐러 씨
- Frau Müller 뮐러 부인
- Fräulein Müller 뮐러 양
- Herr (Frau) Doktor 박사님
- Herr (Frau) Professor 교수님

| Dialoge |

🔊 1-01.mp3

A Guten Morgen, Fräulein Kim!
안녕하세요, 김 양!

B Guten Morgen, Herr Müller!
안녕하세요, 뮐러 씨!

A Guten Tag, Frau Meier!
안녕하세요, 마이어 부인!

B Guten Tag, Herr Neumann!
안녕하세요, 노이만 씨!

A Guten Abend, Herr Doktor!
안녕하세요, 박사님!

B Guten Abend, Herr Professor!
안녕하세요, 교수님!

A Hallo, Mi-suk!
안녕, 미숙!

B Guten Tag, Peter!
안녕, 페터!

Textverstehen!

▶ Guten Tag!은 낮 인사이지만, 오전·오후 관계없이 아는 사람이나 처음 만나는 사람에게 사용하기도 한다. 즉, 영어의 「Hello! / How are you? / How do you do?」등의 뜻으로 쓰인다.

▶ Hallo! ① 안녕! (친한 사이에 주고받는 가벼운 인사) ② 여보세요? (전화에서)

▶ Grüß Gott! 「안녕하세요!」는 때에 관계없이 남부 독일, 스위스, 오스트리아에서 사용한다.

02 | 처음 만났을 때
Es freut mich, Sie kennenzulernen.
당신을 알게 되어서 기쁩니다.

Grundausdrücke

▶ **Es freut mich, Sie kennenzulernen.**

당신을 알게 되어서 기쁩니다.

▶ **Ich freue mich, Ihre Bekanntschaft zu machen.**

당신을 알게 되어서 기쁩니다.

▶ **Ich freue mich, Sie zu sehen.**

뵙게 되어서 반갑습니다.

▶ **Sehr erfreut.**

대단히 반갑습니다.

▶ **Freut mich sehr.**

대단히 반갑습니다.

Wir lernen!

- Es freut mich. = Ich freue mich.
  나는 기쁘다, 반갑다.
- jn.⁴ kennenlernen (누구)와 알게 되다
- js.² Bekanntschaft machen (누구)와 알게 되다
- erfreut 기뻐하는
- ganz 완전히; 아주
- meinerseits 내 쪽에서
- heißen …라고 불리다
- gleichfalls 마찬가지로

Dialoge

🅐 **Es freut mich, Sie kennenzulernen.**
당신을 알게 되어서 기쁩니다.

🅑 **Ganz meinerseits.**
저도 전적으로 동감입니다.

🅐 **Ich freue mich, Ihre Bekanntschaft zu machen.**
당신을 알게 되어서 기쁩니다.

🅑 **Ich freue mich auch.**
저도 반갑습니다.

🅐 **Freut mich sehr, Sie zu sehen.**
뵙게 되어서 대단히 반갑습니다.

🅑 **Gleichfalls.**
저도 그렇습니다.

🅐 **Guten Tag, ich heiße Thomas Meier.**
안녕하세요, 제 이름은 토마스 마이어입니다.

🅑 **Ich heiße Kim Min-uh. Sehr erfreut.**
저는 김민우라고 합니다. 대단히 반갑습니다.

Textverstehen!

- Sehr erfreut! = Sehr angenehm! = Freut mich sehr! 대단히 반갑습니다.
- Ganz meinerseits! = Ganz auf meiner Seite! = Ganz gleichfalls!
  전적으로 동감입니다.
- heißen(…라고 불리다) 동사는 이름을 묻고 대답할 때 쓰인다.
  Wie heißen Sie? – Ich heiße … (= Wie ist Ihr Name? – Mein Name ist …)
  당신 이름은 무엇입니까? – 내 이름은 …입니다.

03 | 오랜만에 만났을 때

Wie geht es Ihnen?
어떻게 지내십니까?

 Grundausdrücke

▶ **Wie geht es Ihnen?**

어떻게 지내십니까?

▶ **Wie geht es dir?**

어떻게 지내니?

▶ **Geht es Ihnen gut?**

안녕하십니까?

▶ **Wir haben uns lange nicht gesehen.**

오랜만입니다.

▶ **Lange nicht gesehen.**

오랜만입니다.

Wir lernen!

- Wie …? 어떻게 … ? ; 얼마나 … ?
- 인칭대명사의 3격과 4격 ich, -, mir, mich / du, -, dir, dich / er, -, ihm, ihn / wir, -, uns, uns / ihr, -, euch, euch / sie, -, ihnen, sie / Sie, -, Ihnen, Sie
- Geht es dir gut? 잘 지내니?
- Wir … uns 우리는 서로

- sehen(보다) – sah – gesehen
  haben … gesehen은 현재 완료형
- Es geht. 그저 그래.
- lange 오랫동안
- wiedersehen 다시 만나다

| Dialoge |

🔊 1-03.mp3

A Wie geht es Ihnen?
어떻게 지내십니까?

B Danke, gut. Und Ihnen?
고마워요, 잘 지냅니다. 당신은 어떠세요?

A Wie geht es dir?
어떻게 지내니?

B Danke, ganz gut. Und dir?
고마워, 아주 잘 지내. 넌 어떠니?

A Wie geht's, Peter?
어떻게 지내니, 페터?

B Es geht, danke.
그저 그래.

A Wir haben uns lange nicht gesehen.
오랜만입니다.

B Ich freue mich, Sie wiederzusehen.
다시 뵙게 되어서 반갑습니다.

Textverstehen!

▶ Wie geht es Ihnen? 어떻게 지내십니까?
Wie geht es dir? 어떻게 지내니?
Wie geht's? 어떻게 지내십니까? / 어떻게 지내니? (친한 사이에)

▶ Danke, leider nicht so gut. 유감스럽게도 그다지 잘 지내지 못합니다.
Danke, wie gewöhnlich(=immer). 여전합니다.
Es geht, danke. 그저 그렇습니다.

04 | 안부를 전할 때

Grüßen Sie bitte Ihre Frau von mir!

부인에게 안부 전해 주세요!

 Grundausdrücke

▸ **Grüßen Sie bitte Ihre Frau von mir!**

부인에게 안부 전해 주세요!

▸ **Grüß Peter von mir!**

페터에게 안부 전해다오.

▸ **Meine Frau läßt Sie grüßen.**

제 아내가 안부 전해달라고 하던데요.

▸ **Sagen Sie ihm herzliche Grüße von mir.**

그에게 제가 안부 전하더라고 말씀해 주세요.

▸ **Wie geht es Ihrer Familie?**

가족분들은 안녕하세요?

Wir lernen!

- jn.⁴ grüßen (누구)에게 인사하다
- 존칭(Sie)에 대한 명령문 _en Sie! (Grüßen Sie …!)
- 친칭(du)에 대한 명령문 _(e)! (Grüß …!)
- lassen(…하게 하다)의 현재 변화
  ich lasse, du läßt, er läßt
- herzliche Grüße 안부
- gern(e) 즐겨, 기꺼이

- die Eltern 부모
- 소유대명사(mein 나의, dein 너의, sein 그의, Ihr 당신의)는 뒤에 오는 명사의 성·격에 따라 부정관사의 어미변화를 한다.
- ausrichten (안부를) 전하다
  werde … ausrichten은 미래형
- wie gewöhnlich 평소와 같이

Dialoge

A Grüßen Sie bitte Herrn Neumann von mir!
노이만 씨에게 안부 전해 주세요!

B Sehr gern!
그러겠습니다.

A Grüßen Sie bitte Ihre Eltern von mir!
당신 부모님께 안부 전해 주세요!

B Danke sehr. Ich werde es ausrichten.
대단히 감사합니다. 전하겠습니다.

A Wie geht es zu Hause?
가족분들은 안녕하세요?

B Danke, es geht meiner Familie auch gut.
네, 저의 가족도 잘 지냅니다.

A Wie geht es Ihrem Vater?
당신 아버님은 어떻게 지내십니까?

B Danke, wie gewöhnlich.
여전하십니다.

Textverstehen!

- Grüßen Sie bitte Frau Neumann von mir! 노이만 부인에게 안부 전해 주세요!
  Grüßen Sie bitte zu Hause! 가족분들에게 안부 전해 주세요!

- Mein Mann läßt Sie grüßen. 제 남편이 안부 전해 달라고 하던데요.
  Meine Frau läßt Sie grüßen. 제 아내가 안부 전해 달라고 하던데요.

- Wie geht es zu Hause? = Wie geht es Ihrer Familie? 가족분들은 안녕하세요?
  Wie geht es Ihrem Mann (Ihrer Frau)? 당신 남편(아내)은 어떻게 지내세요?
  Wie geht es Herrn (Frau) Neumann? 노이만 씨(부인)는 어떻게 지내세요?

05 | 자기소개를 할 때

Darf ich mich vorstellen?
제 소개를 해도 될까요?

 **Grundausdrücke**

▸ **Darf ich mich vorstellen?**

  제 소개를 해도 될까요?

▸ **Guten Tag! Mein Name ist Kim Min-uh.**

  안녕하세요! 제 이름은 김민우입니다.

▸ **Würden Sie sich bitte vorstellen?**

  자기소개를 좀 해 주실까요?

▸ **Ich komme aus Korea.**

  저는 한국에서 왔습니다.

▸ **Ich bin Koreaner (Koreanerin).**

  저는 한국 사람입니다.

Wir lernen!

- dürfen(…해도 좋다)의 현재 변화
  ich darf, du darfst, er darf
- sich⁴ (mich, dich) vorstellen 자기소개를 하다
- Würden Sie …?
  의견이나 요구를 정중하고 겸손하게 표현할 때 쓰인다.

- der Koreaner / die Koreanerin
  한국 사람
- möchte …하고 싶다
- sein 동사의 현재 변화
  ich bin, du bist, er ist, wir sind,
  ihr seid, sie sind, Sie sind

Dialoge

A Darf ich mich vorstellen?
제 소개를 해도 될까요?

B Ja, gern!
네, 좋습니다.

A Ich möchte mich gerne vorstellen.
제 소개를 하고 싶습니다.

B Ja, bitte!
네, 그러세요.

A Würden Sie sich bitte vorstellen?
자기소개를 좀 해 주실까요?

B Ich bin aus Korea. Ich heiße Kim Min-uh.
저는 한국 출신입니다. 제 이름은 김민우입니다.

A Guten Tag! Ich komme aus Korea.
안녕하세요! 저는 한국에서 왔습니다.

B Ach so! Sehr erfreut.
아, 그러세요! 대단히 반갑습니다.

Textverstehen!

- Woher kommen Sie? 어디에서 오셨습니까?
  Ich komme aus Korea. 저는 한국에서 왔습니다.
- Woher sind Sie? 어디 출신(태생)입니까?
  Ich bin aus Korea. 저는 한국 출신입니다.
- Sind Sie vielleicht Japaner? 혹시 일본 사람입니까?
  Nein, ich bin Koreaner. 아닙니다. 저는 한국 사람입니다.

06 | 상대방을 소개할 때

Darf ich Ihnen meine Frau vorstellen?

제 아내를 소개해도 될까요?

 Grundausdrücke

▶ **Darf ich Ihnen meine Frau vorstellen?**

제 아내를 소개해도 될까요?

▶ **Darf ich Sie mit Fräulein Park bekannt machen?**

당신을 박 양에게 소개해도 될까요?

▶ **Darf ich Sie miteinander bekannt machen?**

서로 소개해도 될까요?

▶ **Das ist Herr Kim, mein Freund aus Korea.**

이 분은 한국에서 온 제 친구, 김 선생입니다.

▶ **Ich habe viel von Ihnen gehört.**

말씀 많이 들었습니다.

Wir lernen!

- A³ B⁴ vorstellen (A³)에게 (B⁴)를 소개하다
- A⁴ mit B³ bekannt machen
  (A⁴)를 (B³)에게 소개하다
- miteinander 서로
- hören(듣다) – hörte – gehört
  habe ... gehört는 현재 완료형

- sollen(…해야 한다)의 현재 변화
  ich soll, du sollst, er soll
- der Freund / die Freundin 친구
- der Kollege / die Kollegin 동료

Dialoge

A Darf ich Ihnen meinen Freund vorstellen?
제 친구를 소개해도 될까요?

B Ja, gern!
네, 좋습니다.

A Soll ich Sie bekannt machen?
당신을 소개할까요?

B Ja, bitte!
네, 그러세요.

A Das ist mein Kollege, Herr Kim.
이 분은 저의 동료, 김 선생입니다.

B Guten Tag! Freut mich.
안녕하세요! 반갑습니다.

A Hier ist meine Freundin, Fräulein Park aus Korea.
이 쪽은 제 친구입니다. 한국에서 온 박 양입니다.

B Ich freue mich sehr, Sie kennenzulernen.
당신과 알게 되어 매우 기쁩니다.

Textverstehen!

▶ 누구를 소개할 때는 「Das ist … / Hier ist …」라는 표현을 쓴다.
Das ist Herr (Frau/Fräulein) Müller. 이 분은 뮐러 씨(부인/양)입니다.
Das ist mein Vater (meine Mutter). 이 분은 저의 아버지(어머니)입니다.
Hier ist Herr (Frau/Fräulein) Schmidt. 이쪽은 슈미트 씨(부인/양)입니다.
Hier ist mein Mann (meine Frau). 이쪽은 제 남편(아내)입니다.

07 | 헤어질 때

Auf Wiedersehen!
또 만나요!

 **Grundausdrücke**

▸ **Auf Wiedersehen!**

또 만나요!

▸ **Leben Sie wohl!**

안녕히 계세요!

▸ **Tschüß!**

안녕! (친한 친구 사이에)

▸ **Gute Nacht!**

안녕히 주무세요!

▸ **Gute (Glückliche) Reise!**

즐거운 여행이 되시기를!

Wir lernen!

- Auf Wiedersehen! 또 만나요!
- Auf Wiederhören! 안녕히 계세요! (전화에서)
- Leb(e) wohl! 잘 있어! 안녕!
- Tschüß! = Tschüs! 안녕! (친한 사이에)
- Gute Nacht!
  안녕히 주무세요! / 안녕히 가세요! (밤에 헤어질 때)
- glücklich 행복한 (↔ unglücklich)

- die Reise 여행
- baldig 근간의
- Mutti 엄마
- Vati 아빠
- Wann …? 언제 …?
- bald 곧

Dialoge

A Also, auf Wiedersehen!
그럼, 또 만나요!

B Auf baldiges Wiedersehen!
곧 또 만나요!

A Leben Sie wohl!
안녕히 계세요!

B Auf Wiedersehen! Bis morgen!
안녕히 가세요! 내일 만나요!

A Gute Nacht, Mutti und Vati!
안녕히 주무세요, 엄마, 아빠.

B Gute Nacht, Elisabeth!
잘 자, 엘리자벳.

A Wann sehen wir uns wieder?
언제 다시 만날까요?

B Wir sehen uns bald wieder!
곧 다시 만나요!

Textverstehen!

▶ Gute Reise! 안녕히 다녀오세요! (여행을 떠날 때)
　Gute Fahrt! 안녕히 다녀오세요! (차·배로 여행을 떠날 때)
　Guten Flug! 안녕히 다녀오세요! (비행기로 여행을 떠날 때)

▶ Wann sehen wir uns wieder? 언제 다시 만날까요?
　Wann können wir uns treffen? 언제 만날 수 있을까요?
　Sehen wir uns bald wieder! 곧 다시 만나요!

08 | 만남을 약속하고 헤어질 때

Also, bis morgen!
그럼, 내일 만나요!

 **Grundausdrücke**

▶ **Also, bis morgen!**

그럼, 내일 만나요!

▶ **Also, bis heute abend!**

그럼, 오늘 저녁에 만나요!

▶ **Also, bis Sonntag!**

그럼, 일요일에 만나요!

▶ **Bis bald!**

조금 있다 만나요!

▶ **Auf Wiedersehen, Bis später!**

안녕, 나중에 만나요!

Wir lernen!

- **also** 그러므로
- **bis** ~까지(전치사)
- **später = nachher** 나중에
- **heute** 오늘, **heute abend** 오늘 저녁, **morgen** 내일, **morgen abend** 내일 저녁
- **sich[4] auf et.[4] freuen** (무엇)을 고대하다

- **nächste Woche** 다음 주
- **Wochentage** 요일
  Sonntag (일요일), Montag (월요일), Dienstag (화요일), Mittwoch (수요일), Donnerstag (목요일), Freitag (금요일), Sonnabend/Samstag (토요일)

Dialoge

🔊 1-08.mp3

A Auf Wiedersehen!
안녕히 가세요!

B Auf Wiedersehen! Also, bis morgen abend!
안녕히 가세요! 그럼, 내일 저녁에 만나요!

A Also, bis Sonntag!
그럼, 일요일에 만나요!

B Ich freue mich schon darauf.
벌써 기다려지네요.

A Tschüß!
안녕!

B Also, bis nachher. Tschüß!
그럼, 나중에 만나. 안녕!

A Wann sehen wir uns wieder?
언제 다시 만날까요?

B Bis nächste Woche!
다음 주에 만나요!

Textverstehen!

- Bis bald(=gleich) 곧 만나요!
  Bis dann! 다음에 만나요!
  Bis nachher(=später)! 나중에 만나요!
  Bis morgen! 내일 만나요!

- Bis heute abend! 오늘 저녁에 만나요!
  Bis morgen abend! 내일 저녁에 만나요!
  Bis Sonntag! 일요일에 만나요!
  Bis nächste Woche! 다음 주에 만나요!

- Ich freue mich darauf. 나는 그것을 고대하고 있다.
  Ich freue mich auf die Sommerferien. 나는 여름방학을 고대하고 있다.

09 | 병문안을 할 때

Gute Besserung!
쾌유를 빕니다.

 Grundausdrücke

▸ **Gute Besserung!**

쾌유를 빕니다.

▸ **Wie fühlen Sie sich heute?**

오늘 기분은 어떠세요?

▸ **Geht es Ihnen etwas besser?**

좀 나아지셨나요?

▸ **Schonen Sie sich!**

몸조심 하세요.

▸ **Ich hoffe, Sie werden bald wieder gesund.**

곧 다시 건강해 지시기를 바랍니다.

📝 Wir lernen!

- **die Besserung** 회복
- **sich⁴ fühlen** (자신이 …하다고) 느끼다
- **etwas** 약간, 조금; 어떤 것, 무엇
- **besser** (gut의 비교급) 더 좋은
- **hoffen** 희망하다, 바라다
- **gesund** 건강한 (↔ krank)
- **Schonen Sie sich! (= Gesundheit!)** 몸조심 하세요.
- **ausgezeichnet** 뛰어난, 탁월한
- **aussehen** …처럼 보이다
- **werden … sein:** 미래형
- **die Fürsorge** 돌보아 줌, 배려

| Dialoge |

A Wie fühlen Sie sich heute?
오늘 기분은 어떠세요?

B Ich fühle mich ausgezeichnet.
기분이 매우 좋습니다.

A Sie sehen sehr gesund aus.
매우 건강해 보이시네요.

B Danke! Mir geht es schon besser.
감사합니다! 벌써 많이 좋아졌어요.

A Sie werden bald wieder gesund sein.
곧 다시 건강해지겠지요.

B Danke für Ihre Fürsorge!
염려해 주셔서 감사합니다.

A Gute Besserung!
쾌유를 빕니다.

B Vielen Dank! Es geht mir schon etwas besser.
대단히 감사합니다. 벌써 좀 좋아지고 있습니다.

Textverstehen!

▶ 「나는 건강이 좋지 않다」의 여러 가지 표현
  Ich fühle mich nicht wohl (=unwohl).   Ich fühle mich nicht gut.
  Ich fühle mich schlecht.   Mir ist nicht wohl.

▶ Sie sehen sehr gesund aus. 당신은 매우 건강해 보입니다.
  Sie sehen sehr müde aus. 당신은 매우 피곤해 보입니다.

10 | 연말연시 인사할 때

Viel Glück zum neuen Jahr!
새해 복 많이 받으세요!

 **Grundausdrücke**

▸ **Viel Glück zum neuen Jahr!**

새해 복 많이 받으세요!

▸ **Ein glückliches neues Jahr!**

행복한 새해가 되시기를!

▸ **Ich wünsche Ihnen alles Gute zum neuen Jahr.**

새해에는 모든 일이 잘 되시기를 바랍니다.

▸ **Fröhliche Weihnachten!**

즐거운 크리스마스 보내세요!

▸ **Ein frohes Weihnachtsfest!**

기쁜 성탄절 보내세요!

Wir lernen!

- Viel Glück! 복 많이 받으세요!
- zum neuen Jahr (= zum Neujahr) 새해에
- wünschen 원하다, 바라다
- Alles Gute! 모든 일이 잘 되시기를!
- fröhlich = froh 즐거운, 기쁜
- Weihnachten 크리스마스
- das Weihnachtsfest 크리스마스 축제
- gleichfalls = ebenfalls 마찬가지로

Dialoge

A Viel Glück zum neuen Jahr!
새해 복 많이 받으세요!

B Danke, gleichfalls!
당신도 새해 복 많이 받으세요!

A Ich wünsche Ihnen alles Gute zum neuen Jahr.
새해에는 모든 일이 잘 되시기를 바랍니다.

B Danke, gleichfalls.
당신도 그러시길 바랍니다.

A Fröhliche Weihnachten!
메리 크리스마스!

B Danke, Frohe Weihnachten!
메리 크리스마스!

A Ich wünsche Ihnen frohe Weihnachten und ein gutes Neujahr.
즐거운 크리스마스 보내시고 새해 좋은 일이 있으시기를 바랍니다.

B Danke, ebenfalls.
당신도 그러시길 바랍니다.

Textverstehen!

▶ 「메리 크리스마스!」의 여러 가지 표현
Fröhliche Weihnachten! / Frohe Weihnachten!
Ein fröhliches Weihnachtsfest! / Ein frohes Weihnachtsfest!

▶ 새해 인사의 여러 가지 표현
Ein glückliches neues Jahr (=Neujahr)! 행복한 새해를 맞이하시기를!
Ich wünsche Ihnen ein gutes neues Jahr! 새해 좋은 일이 있으시기를!
Viel Glück und alles Gute zum neuen Jahr! 새해 복 많이 받으시고 모든 일이 잘 되시기를!

기본 수사 1 | Grundzahl 1

0	null			
1	eins	11	elf	
2	zwei	12	zwölf	
3	drei	13	dreizehn	
4	vier	14	vierzehn	
5	fünf	15	fünfzehn	
6	sechs	16	**sech**zehn	
7	sieben	17	**sieb**zehn	
8	acht	18	achtzehn	
9	neun	19	neunzehn	
10	zehn	20	zwanzig	

⚠️ 「1부터 12까지」는 외워둘 것.
「13부터 19까지」는 1단위 수 다음에 **-zehn**을 붙인다.

독일은 어떤 나라일까?

우리나라가 미국, 영국에 이어 서양에서 세 번째 수교를 맺은 독일은 1883년 이후 오늘에 이르기까지 외교관계를 지속해오고 있는 우리의 우방이면서 분단국으로 우리와 같은 처지에 있었다는 점에서, 우리가 특별한 관심을 가졌던 나라이다. 제2차 세계대전 후 40년이 넘도록 '철의 장막'은 독일을 둘로 갈라놓았다. 미국과 영국 그리고 프랑스가 점령한 서부의 세 지역은 1949년 9월 10일 독일연방공화국(서독)이 되었고, 소련의 점령 하에 있던 동부도 같은 해 10월 7일 독일민주공화국(동독)이 되었다. 예전의 수도였던 베를린도 서베를린과 동베를린으로 나뉘어져 각각 서독의 특별 주와 동독의 수도가 되었다.

동독 정부는 1961년 브란덴부르크 문(das Brandenburger Tor) 앞을 가로지르며 높이 3~4m의 콘크리트 장벽을 155km까지 이어지도록 쌓아 올리고, 곳곳에 감시탑을 세우고, 지뢰를 매설하고, 철조망을 설치하여 동독인이 서독으로 탈주하는 것을 막았다. 많은 동독인이 이 장벽을 넘다가 목숨을 잃었다. 이 '베를린 장벽'이 무너지고, 1990년 10월 3일 동·서독 국민들은 평화적으로 통일을 이룩하였다. 베를린 장벽이 무너지던 순간은 독일뿐만 아니라 전 세계가 열광했다. 독일 분단을 상징하던, 베를린 중심부에 자리 잡고 있는 '브란덴부르크 문'은 이제 통일 독일의 상징으로 거듭나게 되었다. 사실 독일 통일은 2차 세계대전 4개 전승국(戰勝國)인 미·영·프·소의 이해관계로 어쩌면 한반도보다 늦어질 것으로 판단되어 왔었다. 그러나 통일 독일을 열망하던 동·서독 국민들은 결집된 민족의 힘으로 외풍(外風)의 장애를 극복하고 평화적인 방법으로 독일 통일을 실현시켰다. 분단의 고통을 겪고 있는 우리는 부러운 시선으로 이 뜻밖의 사건을 지켜보았다.

● **독일연방공화국** | die Bundesrepublik Deutschland

독일연방공화국(독일의 정식 국명)은 유럽의 중심부에 위치해 있으며, 9개의 인접국들로 둘러 싸여있다. 북에서부터 시계방향으로 덴마크, 폴란드, 체코, 오스트리아, 스위스, 프랑스, 룩셈부르크, 벨기에, 네덜란드 등 9개국이 독일과 국경이 맞닿아 있다.

독일연방공화국은 16개의 독립성을 띤 연방주로 구성되어 있다. 1990년 독일은 동독의 5개 주(州)가 11개 주의 서독연방에 통합되어 16개 주로 이루어진 연방공화국이 되었는데, 베를린과 함부르크와 브레멘의 세 도시는 도시 자체가 독립된 하나의 연방주로 되어 있다. 우리나라의 특별시나 광역시와 비슷하다.

국토의 면적은 357,000제곱킬로미터로 한반도 면적의 1.5배가 넘으며, 인구는 약 8천 2백만 명으로, 유럽에서 러시아 다음으로 인구가 많다. 모국어인 독일어는 독일 외에 오스트리아, 스위스(인구의 4분의 3), 리히텐슈타인에서 모국어로 사용되고 있으며, 그 외 주변의 여러 나라에도 독일어를 사용하는 유럽인들이 있어서 독일어 사용 인구는 대략 1억 2천만 명이다. 이렇게 여러 나라에서 독일어를 사용하고 있는 것은 1914년 이전의 독일 제국이 유럽 대륙에서 지배적인 국가로 군림했기 때문이다. 수도는 독일의 최대 도시인 베를린이다. 베를린은 세 번이나 수도로 정해졌다. 18세기에는 프러시아(프로이센)왕국의 수도였고, 19세기에 와서 프러시아의 왕 빌헬름1세와 재상 비스마르크(1815~98)가 1871년 독일 역사상 최초로 독일 통일을 이룩하였을 때 제2 독일제국의 수도였으며,

20세기에 와서 다시 통일 독일의 수도가 되었다. 화폐는 유로화를 사용한다. 유로화를 단일 통화로 사용하는 유로존 국가는 독일을 비롯하여 프랑스, 오스트리아, 이탈리아, 네덜란드, 벨기에, 룩셈부르크, 스페인, 핀란드, 그리스, 포르투갈, 아일랜드 등등 23개국이다.(p. 216 참조)

독일은 기독교 국가이다. 1994년 12월 31일 기준으로 기독교인의 수는 전 국민의 67.5%인 5,610만명 정도였다. 그 중 개신교(프로테스탄트)와 가톨릭 신자 수는 거의 반반이었다. 통계상으로는 신교가 구교에 비해 약간 우세하다. 하지만 오늘날에는 신앙생활을 하는 기독교인의 수가 갈수록 줄어드는 실정이다. 북부와 중부 독일은 개신교 지역이고, 남부는 가톨릭 지역이라고 할 수 있다.

● **숲과 호수와 강의 나라**

독일은 '숲과 호수와 강의 나라'라고 할 수 있을 만큼 국토의 3분의 1이 숲으로 덮여있고, 곳곳에 호수가 있으며, 크고 작은 많은 강이 흐르고 있다. 알프스 산맥에서 발원하여 독일 최대의 호수인 보덴제(der Bodensee)를 거쳐 스위스와 프랑스의 국경을 지나 계속 북쪽으로(마인츠-코블렌츠-쾰른-뒤셀도르프) 흐르다가 네덜란드를 거쳐 북해로 흘러들어가는, 전체 길이가 1,320km의 라인 강(독일내의 길이는 865km에 이른다)을 비롯하여, 남쪽에는 슈바르츠발트('검은 숲'이란 뜻) 산림지대에서 발원하여 독일을 남동쪽으로 가로질러 멀리 빈(Wien), 부다페스트를 거쳐 흑해로 흐르는 도나우 강, 동쪽에는 북동쪽으로 달려 북해로 흐르는 엘베 강이 있다. 특히 라인 강 연변 언덕에는 독일에서 가장 넓은 포도밭이 펼쳐져 있고, 산을 배경으로 한 그림 같은 호수가 고성(古城)과 함께 도처에 산재해 있다. 독일의 주요 강들은 모두 수송로로 이용되고 있다. 강과 강(호수) 사이를 연결하는 많은 운하를 독일인들은 이미 100년 전부터 건설해 왔다. 독일 최초의 운하는 1895년에 건설된 북해-발트해 운하로 그 길이는 99km이다. 오늘날에는 이 운하들이 지중해, 흑해와도 연결되어 물자수송의 중요한 수단이 되고 있다. 옛 서독의 경우 총 물자의 80%정도가 뱃길로 수송된 것으로 나타났다. 전후 독일이 폐허에서 '라인 강의 기적'을 일으켜 경제대국으로 급성장할 수 있었던 것은 바로 이러한 수로(水路)가 있었기에 가능했다.

제 2 부
질문과 음답

Zweiter Teil | Fragen und Antworten

01 | 시간을 물을 때

Wieviel Uhr ist es?
몇 시입니까?

 Grundausdrücke

▸ **Wieviel Uhr ist es?**

　몇 시입니까?

▸ **Wie spät ist es jetzt?**

　지금 몇 시입니까?

▸ **Es ist eins(=ein Uhr).**

　1시입니다.

▸ **Um wieviel Uhr beginnt der Unterricht?**

　수업은 몇 시에 시작됩니까?

▸ **Um wieviel Uhr kommt der Zug an?**

　기차는 몇 시에 도착합니까?

 Wir lernen!

- Wieviel Uhr ist es? / Wie spät ist es?
  몇 시입니까?
- Um wieviel Uhr …? 몇 시에 …?
- beginnen 시작하다; 시작되다
- der Unterricht 수업
- ankommen 도착하다 (↔ abfahren)
- der Zug 기차

- das Viertel 4분의 1; (시간의) 15분
- die Bank 은행
- öffnen 열다 (↔ schließen)
- wird … geöffnet: 수동형
- halb zehn 9시 30분
- der IC-Zug (Intercity-Zug)
  도시 간 연결 특급열차

Dialoge

🔊 2-01.mp3

A Wieviel Uhr ist es jetzt?
지금 몇 시입니까?

B Es ist (ein) Viertel vor neun.
9시 15분 전입니다.

A Wie spät ist es?
몇 시입니까?

B Es ist neun Uhr dreißig(=halb zehn).
9시 30분입니다.

A Um wieviel Uhr wird die Bank geöffnet?
은행은 몇 시에 문을 엽니까?

B Die Bank wird um halb zehn geöffnet.
은행은 9시 30분에 문을 엽니다.

A Um wieviel Uhr fährt der IC-Zug ab?
특급열차는 몇 시에 출발합니까?

B Um dreizehn Uhr zwanzig.
13시 20분에 출발합니다.

Textverstehen!

▶ 15분은 (ein) Viertel (¼), 45분은 drei Viertel (¾), 30분은 halb(½).
Es ist (ein) Viertel zehn. 9시 15분이다.
Es ist drei Viertel elf. 10시 45분이다.
Es ist halb zwölf. 11시 30분이다.

▶ 「wird … geöffnet」는 수동문이다.
Um wieviel Uhr wird die Post geöffnet? 우체국은 몇 시에 문을 엽니까?
Um wieviel Uhr wird die Bank geschlossen? 은행은 몇 시에 문을 닫습니까?

02 | 날짜·요일을 물을 때

Der wievielte ist heute?
오늘은 며칠입니까?

 **Grundausdrücke**

▶ **Der wievielte ist heute?**

오늘은 며칠입니까?

▶ **Welcher Wochentag ist heute?**

오늘은 무슨 요일입니까?

▶ **An welchem Wochentag reisen Sie ab?**

무슨 요일에 여행을 떠나십니까?

▶ **Heute ist der 10.(zehnte) März.**

오늘은 3월 10일입니다.

▶ **Heute ist Mittwoch.**

오늘은 수요일입니다.

Wir lernen!

- wievielt 몇 번째의
- welch- 「어느」는 정관사의 어미변화를 한다.
- der Wochentag 요일
- abreisen 여행을 떠나다
- die Ferien (*pl.*) 방학, 휴가
- zu Ende sein 끝나다

- abfahren 출발하다
- Monate 월
  Januar(1월), Februar(2월), März(3월), April(4월), Mai(5월), Juni(6월), Juli(7월), August(8월), September(9월), Oktober(10월), November(11월), Dezember(12월)

Dialoge

A Den wievielten haben wir heute?
오늘은 며칠입니까?

B Heute haben wir den 10.(zehnten) Mai.
오늘은 5월 10일입니다.

A Welchen Wochentag haben wir heute?
오늘은 무슨 요일입니까?

B Heute ist Montag.
오늘은 월요일입니다.

A Wann sind die Ferien zu Ende?
휴가는 언제 끝납니까?

B Am 20.(zwanzigsten) September.
9월 20일에 끝납니다.

A An welchem Wochentag reisen Sie ab?
무슨 요일에 여행을 떠나십니까?

B Ich fahre am Freitag ab.
금요일에 떠납니다.

Textverstehen!

▶ 「오늘은 며칠입니까?」의 여러 가지 표현
Der wievielte ist heute?
Den wievielten haben wir heute?
Welches Datum haben wir heute?

▶ 「오늘은 무슨 요일입니까?」의 여러 가지 표현
Welcher Wochentag ist heute?
Welchen Wochentag haben wir heute?
Welcher Tag ist heute?

03 | 날씨를 물을 때

Wie ist das Wetter?

날씨가 어떻습니까?

 Grundausdrücke

▸ **Wie ist das Wetter?**

날씨가 어떻습니까?

▸ **Wie sieht das Wetter aus?**

날씨가 어떨 것 같아요?

▸ **Wie wird das Wetter morgen sein?**

내일 날씨는 어떨까요?

▸ **Regnet es noch?**

아직 비가 오나요?

▸ **Ist dir kalt?**

춥니?

📝 Wir lernen!

- das Wetter 날씨
- werden 동사의 현재 변화
  ich werde, du wirst, er wird
- Es regnet. 비가 온다.
- kalt 추운 (↔ heiß)
- noch immer (= immer noch) 여전히

- Regnet es noch? 아직 비가 오나요?
- Schneit es noch? 아직 눈이 오나요?
- Ist dir (Ihnen) kalt? 춥니(추워요)?
- Ist dir (Ihnen) heiß? 덥니(더워요)?

Dialoge

A Wie ist das Wetter?
날씨가 어떻습니까?

B Heute ist das Wetter sehr schön.
오늘은 날씨가 매우 좋아요.

A Wie ist das Wetter heute?
오늘 날씨는 어떻습니까?

B Heute ist es sehr kalt.
오늘은 매우 추워요.

A Regnet es noch?
아직 비가 오나요?

B Ja, es regnet noch immer.
네, 여전히 비가 내려요.

A Ist Ihnen kalt?
추워요?

B Nein, mir ist heiß.
아니요, 난 더워요.

Textverstehen!

▶ 「오늘은 날씨가 좋다(나쁘다)」의 여러 가지 표현
Heute ist das Wetter schön (schlecht).
Es ist heute schönes (schlechtes) Wetter.
Es ist schön (schlecht) heute.

▶ Heute ist es kalt. 오늘은 춥다.
Heute ist es warm. 오늘은 따뜻하다.
Heute ist es heiß. 오늘은 덥다.

04 | 계절·기후에 대해 물을 때

Welche Jahreszeit haben Sie am liebsten?
어느 계절을 가장 좋아하세요?

 Grundausdrücke

▸ **Welche Jahreszeit haben Sie am liebsten?**

어느 계절을 가장 좋아하세요?

▸ **Welche Jahreszeit ist in Deutschland am schönsten?**

독일은 어느 계절이 가장 아름다운가요?

▸ **Wie ist der Winter in Deutschland?**

독일의 겨울은 어떤가요?

▸ **Wie ist das Klima in Österreich?**

오스트리아의 기후는 어떤가요?

▸ **Der Herbst in Korea ist sehr schön.**

한국의 가을은 매우 아름다워요.

Wir lernen!

- die Jahreszeit 계절
- am liebsten 가장 좋아하는
- am schönsten 가장 아름다운
- das Klima 기후
- Österreich 오스트리아

- gewöhnlich 일반적인
- mild 온화한, 부드러운
- dauern 계속되다
- die vier Jahreszeiten 4계절
  der Frühling(봄), der Sommer(여름),
  der Herbst(가을), der Winter(겨울)

| Dialoge |

🔊 2-04.mp3

A Welche Jahreszeit haben Sie am liebsten?
어느 계절을 가장 좋아하세요?

B Ich habe den Herbst am liebsten.
저는 가을을 가장 좋아합니다.

A Wie ist das Klima in Deutschland?
독일의 기후는 어떤가요?

B Das Klima in Deutschland ist gewöhnlich mild.
독일의 기후는 일반적으로 온화합니다.

A Wie ist der Frühling in Deutschland?
독일의 봄은 어떤가요?

B Der Frühling in Deutschland ist sehr schön.
독일의 봄은 매우 아름다워요.

A Wie ist der Winter in Korea?
한국의 겨울은 어떤가요?

B Sehr kalt, und er dauert lange.
매우 추워요, 그리고 오래가요.

Textverstehen!

▶ Ich habe den Frühling am liebsten. 저는 봄을 가장 좋아합니다.
  Ich habe den Herbst am liebsten. 저는 가을을 가장 좋아합니다.

▶ Wie ist das Klima in Deutschland? 독일의 기후는 어떤가요?
  Wie ist das Klima in der Schweiz? 스위스의 기후는 어떤가요?

▶ Der Frühling in Deutschland ist sehr schön. 독일의 봄은 매우 아름다워요.
  Der Herbst in Korea ist sehr schön. 한국의 가을은 매우 아름다워요.

05 | 나이·생일을 물을 때

Wie alt sind Sie?
당신은 몇 살입니까?

 Grundausdrücke

▸ **Wie alt sind Sie?**

당신은 몇 살입니까?

▸ **Wie alt bist du?**

너는 몇 살이니?

▸ **Wann sind Sie geboren?**

당신은 언제 태어났어요?

▸ **Wann haben Sie Geburtstag?**

당신은 생일이 언제예요?

▸ **Darf ich fragen, wie alt Sie sind?**

나이를 여쭤봐도 될까요?

Wir lernen!

- Wie alt …? 몇 살 …?
- geboren sein 태어났다
- Geburtstag haben 생일이다
- fragen 묻다, 질문하다
- denn (의문문에서) 도대체, 대관절
- …, wie alt Sie sind 종속 의문문

Dialoge

🔊 2-05.mp3

A Wie alt bist du denn?
너는 도대체 몇 살이니?

B Ich bin 15(fünfzehn) Jahre alt.
열다섯 살이에요.

A Darf ich fragen, wie alt Sie sind?
나이를 물어봐도 될까요?

B Ich bin 30(dreißig) Jahre alt.
저는 서른 살이에요.

A Wann sind Sie geboren?
당신은 언제 태어났어요?

B Ich bin am 10.(zehnten) Mai 1980 geboren.
1980년 5월 10일에 태어났어요.

A Wann haben Sie Geburtstag?
당신 생일은 언제예요?

B Ich habe am 20.(zwanzigsten) Oktober Geburtstag.
제 생일은 10월 20일이에요.

Textverstehen!

▶ 나이를 물을 때
Wie alt bist du? 너는 몇 살이니?
Wie alt sind Sie? 당신은 몇 살입니까?
Wie alt ist Ihr Vater (Ihre Mutter)? 당신 아버지(어머니)는 몇 살입니까?

▶ 생일을 물을 때
Wann hast du Geburtstag? 너는 생일이 언제니?
Wann haben Sie Geburtstag? 당신은 생일이 언제예요?
Wann ist dein (Ihr) Geburtstag? 너의(당신의) 생일은 언제예요?

06 | 직업을 물을 때

Was sind Sie von Beruf?
당신 직업은 무엇입니까?

 **Grundausdrücke**

▶ **Was sind Sie von Beruf?**
당신 직업은 무엇입니까?

▶ **Was ist dein Vater von Beruf?**
네 아버지의 직업은 뭐니?

▶ **Was ist er?**
그의 직업은 뭐예요?

▶ **Was sind Sie?**
당신 직업은 뭐예요?

▶ **Ich bin Student (Studentin).**
나는 대학생입니다.

 **Wir lernen!**

- von Beruf 직업은
- der Student / die Studentin 대학생
- der Ingenieur [inʒeniøːr] 엔지니어
- der Beamte / die Beamtin 공무원
- der (die) Bankangestellte
  (형용사적 변화) 은행원

Dialoge

A **Was sind Sie von Beruf?**
당신 직업은 무엇입니까?

B **Ich bin Ingenieur.**
나는 엔지니어입니다.

A **Was ist dein Vater von Beruf?**
네 아버지의 직업은 뭐니?

B **Mein Vater ist Beamter.**
저의 아버지는 공무원입니다.

A **Was sind Sie?**
당신 직업은 뭐예요?

B **Ich bin Student.**
저는 대학생입니다.

A **Was ist er?**
그의 직업은 뭐예요?

B **Er ist Bankangestellter.**
그는 은행원입니다.

Textverstehen!

▶ 「당신 직업은 무엇입니까?」의 여러 가지 표현
Was sind Sie von Beruf?
Was sind Sie?
Was ist Ihr Beruf?

▶ Was ist er [von Beruf]? 그의 직업은 뭐예요?
Was ist sie [von Beruf]? 그녀의 직업은 뭐예요?
Was ist sein (ihr) Beruf? 그의(그녀의) 직업은 뭐예요?

07 | 출신지·거주지를 물을 때

Woher kommen Sie?

어디에서 오셨습니까?

 Grundausdrücke

▶ **Woher kommen Sie?**

어디에서 오셨습니까?

▶ **Aus welchem Land kommen Sie?**

어느 나라에서 오셨습니까?

▶ **Woher sind Sie?**

당신은 어디 태생입니까?

▶ **Sind Sie vielleicht aus Deutschland?**

당신은 혹시 독일 태생입니까?

▶ **Wo wohnen Sie?**

어디 사세요?

Wir lernen!

- Woher …? 어디에서 … ?
- Aus welchem Land …? 어느 나라에서 … ?
- vielleicht 아마도, 혹시
- aus … 태생(출신)인
- Wo …? 어디에 … ?

- wohnen 살다, 거주하다
- Deutscher / Deutsche 독일 사람
- die Verzeihung 용서
- das Studentenwohnheim 기숙사

| Dialoge |

🔊 2-07.mp3

A **Woher kommen Sie?**
어디에서 오셨습니까?

B **Ich komme aus Korea. Ich bin Koreanerin.**
한국에서 왔습니다. 저는 한국 사람입니다.

A **Verzeihung, sind Sie aus Deutschland?**
실례지만, 당신은 독일 태생입니까?

B **Ja, ich komme aus Deutschland. Ich bin Deutsche.**
네, 독일에서 왔습니다. 저는 독일 사람입니다.

A **Sind Sie vielleicht aus Japan?**
당신은 혹시 일본 태생입니까?

B **Nein, ich bin aus Korea. Ich bin Koreanerin.**
아닙니다, 한국 태생입니다. 저는 한국 사람입니다.

A **Wo wohnen Sie jetzt?**
지금 어디 사세요?

B **Ich wohne im Studentenwohnheim.**
기숙사에 살고 있습니다.

Textverstehen!

▶ Woher kommen Sie? / Wo kommen Sie her? 어디에서 오셨습니까?
– Ich komme aus Seoul (aus Korea). 저는 서울에서(한국에서) 왔습니다.

▶ Ich bin aus Seoul. 저는 서울 태생입니다.
Ich bin aus Korea. 저는 한국 태생입니다.

▶ Ich bin Koreaner. 저는 한국 사람입니다.(남자)
Ich bin Koreanerin. 저는 한국 사람입니다.(여자)

08 | 취미를 물을 때

Was sind Ihre Hobbys?
취미가 뭐예요?

 Grundausdrücke

▸ **Was sind Ihre Hobbys?**

취미가 뭐예요?

▸ **Was machen Sie in Ihrer Freizeit?**

시간 나실 때 뭐하세요?

▸ **Hören Sie gern Musik?**

음악을 좋아하세요?

▸ **Treiben Sie gern Sport?**

스포츠를 좋아하세요?

▸ **Mein Hobby ist Briefmarkensammeln.**

나의 취미는 우표 수집입니다.

Wir lernen!

- das Hobby [-s, -s] 취미
- machen 하다, 행하다
- in Ihrer Freizeit 시간 나실 때, 여가에
- Musik gern hören 음악을 즐겨 듣다
- Sport treiben 스포츠를 하다
- das Briefmarkensammeln 우표 수집
- der Musikfreund 음악 애호가
- Tennis spielen 테니스를 하다
- besonders 특히
- Ski laufen 스키를 타다

Dialoge

🔊 2-08.mp3

A Was sind Ihre Hobbys?
취미가 뭐예요?

B Ich höre gern Musik.
음악 감상입니다.

A Hören Sie gern Musik?
음악을 좋아하세요?

B Ja, ich bin ein großer Musikfreund.
네, 저는 음악 애호가입니다.

A Was machen Sie in Ihrer Freizeit?
시간 나실 때 뭐하세요?

B Ich spiele gern Tennis.
저는 테니스를 즐겨 합니다.

A Treiben Sie gern Wintersport?
겨울 스포츠를 좋아하세요?

B Ja, besonders gern laufe ich Ski.
네, 특히 스키 타는 걸 좋아합니다.

Textverstehen!

▶ Ich höre gern Musik. 저는 음악 듣는 걸 좋아합니다.
Ich spiele gern Tennis. 저는 테니스하는 걸 좋아합니다.
Ich laufe gern Ski. 저는 스키 타는 걸 좋아합니다.
Ich schwimme sehr gern. 저는 수영하는 걸 매우 좋아합니다.
Ich reise sehr gern. 저는 여행하는 걸 매우 좋아합니다.

09 | 위치·거리를 물을 때

Wo ist hier die Bushaltestelle?
여기 어디에 버스 정류장이 있습니까?

 Grundausdrücke

▸ **Entschuldigung, wo ist hier die Bushaltestelle?**

실례지만, 여기 어디에 버스 정류장이 있습니까?

▸ **Bitte, wo ist hier die Toilette?**

실례지만, 여기 어디에 화장실이 있습니까?

▸ **Verzeihung, Gibt es hier in der Nähe ein Warenhaus?**

실례합니다, 이 근처에 백화점이 있습니까?

▸ **Wie weit ist es bis zum Bahnhof?**

역까지는 얼마나 먼가요?

▸ **Ist die Post weit von hier?**

우체국은 여기서 먼가요?

Wir lernen!

- die Bushaltestelle 버스 정류장
- die Toilette[toalɛtə] 화장실
- es gibt + 4격 명사 ~이 있다
- Entschuldigung! / Verzeihung!
  실례합니다!
- in der Nähe 근처에, 부근에
- das Warenhaus = das Kaufhaus 백화점

- Wie weit ist es …? … 얼마나 먼가요?
- bis zum Bahnhof 역까지
- liegen 위치해 있다
- die Post 우편; 우편물; 우체국
- da drüben = dort drüben 저쪽에
- an der Straßenecke 길모퉁이에
- etwa (= ungefähr) 대략, 약

| Dialoge |

🔊 2-09.mp3

A Entschuldigung, wo ist hier die Bushaltestelle?
실례지만, 여기 어디에 버스 정류장이 있습니까?

B Da drüben an der Straßenecke.
저쪽 길모퉁이에 있습니다.

A Verzeihung, wo ist hier die Toilette?
실례지만, 여기 어디에 화장실이 있습니까?

B Dort drüben.
저쪽에 있습니다.

A Wie weit ist es bis zum Bahnhof?
역까지는 얼마나 먼가요?

B Es sind etwa 4km.
약 4km됩니다.

A Ist es weit bis zur Post?
우체국까지는 먼가요?

B Nein, sie ist ganz in der Nähe.
아니요, 우체국은 바로 근처에 있습니다.

Textverstehen!

- Wo ist hier die Toilette? 여기 어디에 화장실이 있습니까?
  Wo ist hier ein Supermarkt? 여기 어디에 슈퍼마켓이 있습니까?
- Gibt es hier in der Nähe die Haltestelle? 이 근처에 정류장이 있습니까?
  Gibt es hier in der Nähe eine Buchhandlung? 이 근처에 서점이 있습니까?
- Wie weit ist es bis zum Flughafen? 공항까지는 얼마나 먼가요?
  Wie weit ist es bis München? 뮌헨까지는 얼마나 먼가요?
- Ist es weit bis zum Rathaus? 시청까지는 먼가요?
  Ist es weit bis zur Post? 우체국까지는 먼가요?

10 | 예정이나 계획을 물을 때

Haben Sie heute abend etwas vor?
오늘 저녁 무슨 계획이 있습니까?

 Grundausdrücke

▸ **Haben Sie heute abend etwas vor?**

오늘 저녁 무슨 계획이 있습니까?

▸ **Haben Sie am Wochenende etwas vor?**

주말에 무슨 계획이 있습니까?

▸ **Was haben Sie jetzt vor?**

지금 무엇을 할 예정이세요?

▸ **Was haben Sie morgen vor?**

내일은 무엇을 할 예정이세요?

▸ **Was machst du heute abend?**

너는 오늘 저녁에 뭐하니?

 Wir lernen!

- et.⁴ vorhaben (무엇)을 계획하다
- am Wochenende 주말에
- jetzt 지금
- nichts Besonderes 특별한 것은 아무것도
- nächsten Monat (= im nächsten Monat) 다음 달에
- fliegen 날다; 비행기로 가다

Dialoge

A Haben Sie heute abend etwas vor?
오늘 저녁 무슨 계획이 있습니까?

B Nein, ich habe noch nichts vor.
아니요, 아직 아무 계획이 없습니다.

A Haben Sie am Wochenende etwas vor?
주말에 무슨 계획이 있습니까?

B Ja, am Wochenende habe ich schon etwas vor.
네, 주말에는 이미 계획이 있습니다.

A Was haben Sie morgen vor?
내일은 무엇을 할 예정이세요?

B Nichts Besonderes.
특별한 계획이 없습니다.

A Haben Sie nächsten Monat etwas vor?
다음 달에 무슨 계획이 있습니까?

B Ja, wir haben vor, nächsten Monat nach New York zu fliegen.
네, 우리는 다음 달에 뉴욕으로 떠날 계획을 하고 있습니다.

Textverstehen!

▶ Hast du jetzt etwas vor? 지금 무슨 계획이 있니?
  Haben Sie jetzt etwas vor? 지금 무슨 계획이 있습니까?

▶ Was hast du jetzt vor? 지금 무엇을 할 예정이니?
  Was haben Sie jetzt vor? 지금 무엇을 할 예정이세요?

▶ Ich habe vor, nach Deutschland zu reisen. 나는 독일로 여행할 계획을 하고 있다.
  Er hat vor, nach Europa zu reisen. 그는 유럽으로 여행할 계획을 하고 있다.

11 | 시간의 형편을 물을 때

Haben Sie heute Zeit?
오늘 시간 있습니까?

 Grundausdrücke

▸ **Haben Sie heute Zeit?**
오늘 시간 있습니까?

▸ **Wann haben Sie Zeit?**
언제 시간이 나십니까?

▸ **Wann ist es Ihnen recht?**
언제 괜찮겠습니까?

▸ **Wie wäre es am Freitagabend?**
금요일 저녁은 어떠세요?

▸ **Geht es vielleicht am Montag?**
혹시 월요일은 되는지요?

Wir lernen!

- (keine) Zeit haben 시간이 있다(없다)
- es jm. recht sein 형편이 좋다
- Wie wäre es …? …은 어떠세요?
- der Freitagabend 금요일 저녁
- Es geht (nicht). 된다(안 된다)

- ins Kino gehen 영화관에 가다
- leider 유감스럽게도
- am nächsten Dienstag 다음 화요일에
- jede Zeit 어느 때나, 언제든지

Dialoge

A Haben Sie Zeit, ins Kino zu gehen?
영화 보러 갈 시간 있으세요?

B Nein, leider habe ich heute keine Zeit.
아니요, 유감스럽게도 오늘은 시간이 없습니다.

A Wie wäre es am nächsten Dienstag?
다음 화요일은 어떠세요?

B Ja, gut!
네, 좋습니다.

A Wann ist es Ihnen recht?
언제 괜찮겠습니까?

B Mir ist jede Zeit recht.
저는 언제라도 좋습니다.

A Geht es vielleicht am Mittwoch?
혹시 수요일은 되는지요?

B Ja, am Mittwoch geht es.
네, 수요일은 괜찮습니다.

Textverstehen!

- Wie wäre es am Montag? 월요일은 어떠세요?
  Wie wäre es am nächsten Mittwoch? 다음 수요일은 어떠세요?
- Wann ist es Ihnen recht? 언제 괜찮겠습니까?
  Wann paßt es Ihnen wohl? 언제 괜찮겠습니까?
- Am Montag geht es. 월요일은 됩니다.
  Am Samstag geht es leider nicht. 토요일은 유감스럽게도 안 됩니다.

12 | 가격을 물을 때

Was kostet das?
이것은 얼마입니까?

 **Grundausdrücke**

▶ **Was kostet das?**

이것은 얼마입니까?

▶ **Wieviel kostet dieser Hut?**

이 모자는 얼마입니까?

▶ **Was kostet das alles zusammen?**

이것 모두 합해서 얼마입니까?

▶ **Können Sie es nicht etwas billiger geben?**

이것 좀 더 싸게 줄 수 없습니까?

▶ **Haben Sie nichts Billigeres?**

좀 더 싼 것은 없습니까?

📝 Wir lernen!

- kosten (얼마의) 값이 나가다
- wieviel 얼마만큼, 어느 정도
- der Hut 모자
- alles zusammen 모두 합해서
- etwas billiger 좀 더 싸게
- jm. et.⁴ geben (누구)에게 (무엇)을 주다
- nichts Billigeres 더 싼 것은 아무것도
- jm. leid tun 유감으로 생각하다
- feste Preise 정가(定價)

| Dialoge |

🔊 2-12.mp3

A Was kostet das?
이것은 얼마입니까?

B Das kostet zehn Euro zwanzig.
그것은 10유로 20센트입니다.

A Was kostet dieser Hut?
이 모자는 얼마입니까?

B Er kostet 45, 30 Euro(fünfundvierzig Euro dreißig).
그 모자는 45유로 30센트입니다.

A Was kostet das zusammen?
이것 합해서 얼마입니까?

B Das macht alles zusammen 200 Euro.
모두 합해서 200유로입니다.

A Können Sie es nicht etwas billiger geben?
이것 좀 더 싸게 줄 수 없습니까?

B Tut mir leid. Wir haben feste Preise.
유감이군요. 우리 가게는 정찰제입니다.

Textverstehen!

▶ 「이것은 얼마입니까?」의 여러 가지 표현
　Was (=Wieviel) kostet das?
　Was (=Wieviel) macht das?
　Wie teuer ist das?

▶ Was kostet das zusammen? 이것 합해서 얼마입니까?
　Was macht das alles zusammen? 이것 모두 합해서 얼마입니까?

기본 수사 2 | Grundzahl 2

21	einundzwanzig	10	zehn
22	zweiundzwanzig	20	zwanzig
23	dreiundzwanzig	30	dreißig
24	vierundzwanzig	40	vierzig
25	fünfundzwanzig	50	fünfzig
26	sechsundzwanzig	60	sechzig
27	siebenundzwanzig	70	siebzig
28	achtundzwanzig	80	achtzig
29	neunundzwanzig	90	neunzig
30	dreißig	100	hundert

⚠️ 「20부터 90까지는 1단위 수 앞에 -zig를 붙인다. (30은 예외)
「21부터 99까지는 1단위 수를 앞에 놓고 und로 연결하여 10단위 수를 뒤에 붙인다.

날씨 · 계절 · 직업

● **Wie ist das Wetter heute?** (오늘 날씨는 어떻습니까?)

Es regnet. 비가 온다.   Es schneit. 눈이 온다.

Es blitzt. 번개가 친다.   Es stürmt. 폭풍이 분다.

Es ist sonnig. 해가 비친다.   Es ist wolkig. 구름이 낀다.

● **Die vier Jahreszeiten** (4계절)

Im Frühling blühen schöne Blumen.
봄에는 아름다운 꽃이 핀다.

Im Sommer fahren manche Leute an die See.
여름에는 많은 사람들이 바다로 간다.

Im Herbst beginnen die Blätter zu fallen.
가을에는 잎이 지기 시작한다.

Im Winter schneit es.
겨울에는 눈이 내린다.

● **Beruf** (직업)

der Arzt 의사   der Lehrer 교사
die Krankenschwester 간호사   der Beamte 공무원
der Soldat 군인   der Angestellte 회사원
der Schutzmann 경찰관   der Maler 화가
der Bauer 농부   der Musiker 음악가
der Fischer 어부   der Sänger 가수
der Kaufmann 상인   der Schauspieler 배우

시간 표현

● 몇 시입니까?

> **Wieviel Uhr ist es? / Wie spät ist es?**

Es ist ein Uhr.
1.00 Uhr

Es ist zehn nach zwei.
2.10 Uhr

Es ist Viertel nach drei.
3.15 Uhr

Es ist zwanzig nach vier.
4.20 Uhr

Es ist fünf vor halb sechs.
5.25 Uhr

Es ist halb sieben.
6.30 Uhr

Es ist fünf nach halb acht.
7.35 Uhr

Es ist Viertel vor neun.
8.45 Uhr

Es ist zehn vor zehn.
9.50 Uhr

● 일상 시각

12:00 Uhr	zwölf Uhr
12:05 Uhr	fünf nach zwölf
12:10 Uhr	zehn nach zwölf
12:15 Uhr	Viertel nach zwölf / (ein) Viertel eins
12:20 Uhr	zwanzig nach zwölf / zehn vor halb eins
12:25 Uhr	fünf vor halb eins
12:30 Uhr	halb eins
12:35 Uhr	fünf nach halb eins
12:40 Uhr	zwanzig vor eins / zehn nach halb eins
12:45 Uhr	Viertel vor eins / drei Viertel eins
12:50 Uhr	zehn vor eins
12:55 Uhr	fünf vor eins
01:00 Uhr	ein Uhr (=eins)

● 공식 시각

10:20 Uhr	zehn Uhr zwanzig
13:30 Uhr	dreizehn Uhr dreißig
15:45 Uhr	fünfzehn Uhr fünfundvierzig
17:50 Uhr	siebzehn Uhr fünfzig
20:00 Uhr	zwanzig Uhr

제 3 부
예절

Dritter Teil | Manieren

01 | 감사할 때

Danke!
감사합니다!

 Grundausdrücke

▸ **Danke!**

감사합니다!

▸ **Danke schön!**

대단히 감사합니다!

▸ **Ich danke Ihnen für das Geschenk.**

선물을 주셔서 감사합니다.

▸ **Vielen Dank für Ihre Hilfe!**

도와 주셔서 대단히 감사합니다.

▸ **Das ist sehr nett von Ihnen.**

이렇게 친절을 베풀어 주셔서 감사합니다.

📝 Wir lernen!

- Danke schön(=sehr)! / Vielen Dank!
  대단히 감사합니다!
- jm. für et.⁴ danken
  (누구)에게 (무엇)에 대해 감사하다
- das Geschenk 선물
- der Dank 감사
- die Hilfe 도움
- nett = freundlich 친절한
- Bitte schön(=sehr)! 천만에요!
- Kaffee trinken 커피를 마시다
- die Blume [-, -n] 꽃

Dialoge

A Danke!
감사합니다!

B Bitte!
뭘요!

A Ich danke Ihnen sehr für Ihre Hilfe.
도와 주셔서 대단히 감사합니다.

B Bitte schön!
천만에요!

A Trinken Sie Kaffee?
커피 드시겠습니까?

B Nein, danke!
아니요, 괜찮습니다.

A Die Blumen sind für Sie.
이 꽃은 당신을 위한 것입니다.

B Oh, vielen Dank! Schöne Blumen!
오, 대단히 감사합니다. 아름다운 꽃이군요!

Textverstehen!

▶ Vielen Dank! 대단히 감사합니다.
　Herzlichen Dank! 진심으로 감사드립니다.
　Besten Dank! 정말 감사합니다.

▶ Ich danke Ihnen für Ihre Hilfe. 도움에 감사드립니다.
　Ich danke Ihnen für Ihre Bemühungen. 수고에 감사드립니다.
　Ich danke Ihnen für Ihre Freundlichkeit. 친절에 감사드립니다.

02 | 감사에 답할 때

Bitte schön!
천만에요!

 Grundausdrücke

▶ **Bitte!**

뭘요!

▶ **Bitte schön!**

천만에요!

▶ **Gern geschehen!**

제가 좋아서 한 일인걸요.

▶ **Nichts zu danken!**

고맙긴요!

▶ **Keine Ursache!**

천만의 말씀!

📝 Wir lernen!

- geschehen 일어나다, 생기다
- nichts 아무것도 … 않다
- kein- 하나도 … 않다
- die Ursache 원인, 이유
- freundlich 친절한
- die Auskunft 안내
- die Bemühung [-, -en] 수고

Dialoge

A Danke sehr!
대단히 감사합니다.

B Bitte sehr!
천만에요!

A Vielen Dank für die freundliche Auskunft!
친절히 안내해 주셔서 대단히 감사합니다.

B Bitte schön!
천만에요!

A Ich danke Ihnen für Ihre Bemühungen.
수고에 감사드립니다.

B Gern geschehen!
제가 좋아서 한 일인걸요.

A Das ist sehr nett von Ihnen.
이렇게 친절을 베풀어 주셔서 감사합니다.

B Nichts zu danken!
별말씀을!

Textverstehen!

▶ 「천만에요!」의 여러 가지 표현
Bitte! / Bitte schön! / Bitte sehr! / Nichts zu danken!
Gern geschehen! / Keine Ursache!

▶ 「이렇게 친절을 베풀어 주셔서 감사합니다.」의 표현
Das (=Es) ist sehr nett von Ihnen.
Das (=Es) ist sehr freundlich von Ihnen.

03 | 축하할 때

Herzlichen Glückwunsch!
진심으로 축하합니다!

 Grundausdrücke

▸ **Herzlichen Glückwunsch!**

진심으로 축하합니다!

▸ **Ich gratuliere!**

축하합니다!

▸ **Herzlichen Glückwunsch zum Geburtstag!**

생일을 진심으로 축하합니다!

▸ **Herzliche Glückwünsche zu Ihrer Vermählung!**

결혼을 진심으로 축하합니다!

▸ **Ich gratuliere Ihnen zur bestandenen Prüfung!**

합격을 축하합니다!

Wir lernen!

- **herzlich** 진심으로의
- **der Glückwunsch** [-es / ··wünsche] 축하
- **jm. zu et.³ gratulieren** (누구)의 (무엇)을 축하하다
- **der Geburtstag** 생일
- **die Vermählung** 결혼
- **die Verlobung** 약혼
- **bestanden** 합격된
- **die Prüfung** 시험
- **prima** 극상의, 훌륭한

Dialoge

A Ich gratuliere Ihnen zum Geburtstag!
생일을 축하합니다!

B Danke schön!
대단히 감사합니다.

A Herzlichen Glückwunsch zu Ihrer Verlobung!
약혼을 진심으로 축하합니다!

B Herzlichen Dank!
진심으로 감사드립니다.

A Ich gratuliere Ihnen zur bestandenen Prüfung!
합격을 축하합니다!

B Vielen Dank!
대단히 감사합니다.

A Heute ist mein Geburtstag.
오늘은 내 생일이야.

B Oh, prima! Ich gratuliere dir!
오, 좋겠네! 축하해!

Textverstehen!

▶ Herzlichen Glückwunsch! 진심으로 축하합니다!
　Herzliche Glückwünsche! 진심으로 축하합니다!

▶ Herzlichen Glückwunsch zum Geburtstag! 생일을 진심으로 축하합니다!
　Herzlichen Glückwunsch zur Hochzeit! 결혼을 진심으로 축하합니다!

▶ Ich gratuliere Ihnen zum Geburtstag! 당신의 생일을 축하합니다!
　Ich gratuliere Ihnen zur Hochzeit! 당신의 결혼을 축하합니다!

04 | 축복할 때

Viel Glück!
행운을 빕니다.

 Grundausdrücke

▶ **Viel Glück!**

행운을 빕니다.

▶ **Viel Erfolg!**

성공을 빕니다.

▶ **Alles Gute!**

모든 일이 잘 되시기를!

▶ **Er lebe hoch!**

그의 만수무강을!

▶ **Die Gnade Gottes sei mit uns allen!**

신(神)의 자비가 우리 모두와 함께 계시기를!

Wir lernen!

- viel 많은 (↔ wenig)
- das Glück 행복; 행운 (↔ das Unglück)
- der Erfolg 성과, 성공
- all- 모든
- das Gute 좋은 일(것)
- leben 살아 있다
- hoch 높은 (↔ niedrig)
- die Gnade 은혜, 자비
- Prosit! (=Prost!) 건배!
- das Neujahr 신년, 새해

Dialoge

A Viel Glück!
행운을 빕니다.

B Danke, gleichfalls!
감사합니다, 당신에게도 행운이 있기를!

A Viel Erfolg!
성공을 빕니다.

B Besten Dank!
대단히 감사합니다.

A Ich wünsche Ihnen alles Gute.
모든 일이 잘 되시기를 빕니다.

B Danke, gleichfalls.
당신도요.

A Prosit Neujahr!
새해 복 많이 받으세요!

B Viel Glück zum neuen Jahr!
새해 복 많이 받으세요!

Textverstehen!

▶ 축복의 말
  Viel Glück! 행운을 빕니다.
  Viel (=Guten) Erfolg! 성공을 빕니다.
  Alles Gute! 모든 일이 잘 되시기를!
  Prosit! / Prost! 건배!

05 | 초대를 받고 인사할 때

Vielen Dank für Ihre Einladung!
초대해 주셔서 대단히 감사합니다.

 **Grundausdrücke**

▸ **Vielen Dank für Ihre Einladung!**

초대해 주셔서 대단히 감사합니다.

▸ **Ich danke Ihnen für Ihre freundliche Einladung.**

친절한 초대에 감사드립니다.

▸ **Das ist ein kleines Geschenk für Sie.**

조그마한 선물입니다.

▸ **Entschuldigen Sie bitte, daß ich zu spät komme!**

늦어서 죄송합니다.

▸ **Es war ein sehr schöner Abend.**

매우 멋진 밤이었습니다.

Wir lernen!

- die Einladung 초대
- klein 작은 (↔ groß)
- Entschuldigen Sie [bitte]! 죄송합니다! 실례합니다!
- daß 「…인 것, …하는 것」는 종속 접속사, 부문장에서는 동사가 문미에 놓인다.
- zu spät kommen 지각하다
- der Kuchen 과자, 케이크
- sehr schön 매우 아름다운
- bei Ihnen 댁에서
- hoffentlich 바라건대
- mal (=einmal) 한 번

Dialoge

A Vielen Dank für Ihre Einladung!
초대해 주셔서 대단히 감사합니다.

B Schön, daß Sie gekommen sind.
와 주셔서 감사합니다.

A Ich danke Ihnen herzlich für die Einladung.
초대해 주셔서 진심으로 감사드립니다.

B Wir freuen uns sehr, daß Sie gekommen sind.
와 주셔서 대단히 기쁩니다.

A Ich danke Ihnen für Kaffee und Kuchen.
커피와 케익을 대접해 주셔서 감사합니다.

B Nichts zu danken!
감사하긴요.

A Es war sehr schön bei Ihnen.
매우 즐거웠습니다.

B Hoffentlich kommen Sie mal wieder.
한번 다시 오시기를 바랍니다.

Textverstehen!

▶ 초대에 대한 감사의 인사말
Vielen Dank für die Einladung! 초대해 주셔서 대단히 감사합니다.
Herzlichen Dank für Ihre Einladung! 초대해 주셔서 진심으로 감사드립니다.
Ich danke Ihnen herzlich für die Einladung. 초대해 주셔서 진심으로 감사드립니다.
Ich danke Ihnen für Ihre freundliche Einladung. 친절한 초대에 감사드립니다.

06 | 초대에 응할 때

Sehr gern!
기꺼이 그러죠!

 **Grundausdrücke**

▸ **Sehr gern!**

기꺼이 그러죠!

▸ **Ja, gern!**

네, 좋아요!

▸ **Mit Vergnügen!**

기꺼이 그러죠!

▸ **Am Montag geht es.**

월요일은 괜찮아요.

▸ **Mir ist jede Zeit recht.**

언제라도 좋습니다.

 **Wir lernen!**

- mit Vergnügen 기꺼이
- Am Montag geht es (nicht).
  월요일은 됩니다(안 됩니다).
- jn. zum Geburtstag einladen
  (누구)를 생일에 초대하다
- jn. zum Abendessen einladen
  (누구)를 저녁식사에 초대하다
- besuchen 방문하다
- jm. passen (누구)에게 맞다, 적합하다

Dialoge

A Ich möchte dich gern zum Geburtstag einladen.
난 너를 생일에 초대하고 싶어.

B Ja, gern!
그래, 좋아!

A Darf ich Sie zu uns zum Abendessen einladen?
당신을 우리집으로 저녁식사에 초대해도 될까요?

B Vielen Dank, ich komme sehr gern.
대단히 감사합니다, 기꺼이 가지요.

A Wollen Sie uns nicht einmal besuchen?
우리를 한번 방문하시지 않겠습니까?

B Ja, mit Vergnügen, Herr Meier!
네, 기꺼이 그러죠, 마이어 씨!

A Wie paßt es Ihnen am Freitag?
금요일은 어떠신지요?

B Das paßt mir gut.
좋습니다.

Textverstehen!

▶ 초대에 응할 때의 여러 가지 표현
Sehr gern! 좋아요!
Ja, gern! 네, 좋아요!
Mit Vergnügen! 기꺼이!
Ich komme sehr gern. 기꺼이 가지요.
Ich werde sehr gern kommen. 기꺼이 가지요.

07 | 초대를 거절할 때

Heute geht es leider nicht.
오늘은 유감스럽게도 안 되겠어요.

 **Grundausdrücke**

▶ **Heute geht es leider nicht.**
오늘은 유감스럽게도 안 되겠어요.

▶ **Es tut mir leid, daß ich nicht kommen kann.**
갈 수 없는 것이 유감이군요.

▶ **Leider habe ich schon eine Verabredung.**
유감스럽게도 이미 약속이 있어요.

▶ **Morgen habe ich schon etwas vor.**
내일은 이미 다른 계획이 있어요.

▶ **Das ist leider nicht möglich.**
유감스럽게도 불가능한데요.

Wir lernen!

- Es tut mir leid, daß …   … 하는 것이 유감이다
- können(…할 수 있다)의 현재 변화
  ich kann, du kannst, er kann
- schon   이미, 벌써
- eine Verabredung haben   약속이 있다
- möglich   가능한 (↔ unmöglich)

- zu Abend (Mittag) essen
  저녁(점심)을 먹다
- schade   유감스러운
- wollen(…하려고 하다)의 현재 변화
  ich will, du willst, er will
- bei uns   우리 집에서
- das Essen   식사; 음식

Dialoge

A Können Sie heute mit mir zu Abend essen?
오늘 저와 함께 저녁식사를 할 수 있으세요?

B Wie schade! Ich habe heute keine Zeit.
참 유감스럽군요. 오늘은 시간이 없습니다.

A Willst du nicht bei uns zu Mittag essen?
우리 집에서 점심 먹지 않겠니?

B Danke, Aber heute geht es nicht.
고마워, 하지만 오늘은 안 돼.

A Haben Sie am Montag Zeit?
Ich möchte Sie zum Essen einladen.
월요일에 시간 있으세요? 당신을 식사에 초대하고 싶어요.

B Am Montag habe ich leider schon eine Verabredung.
월요일엔 유감스럽게도 이미 약속이 있어요.

A Ich kann leider nicht kommen.
저는 유감스럽게도 갈 수 없어요.

B Es ist sehr schade, daß Sie nicht kommen können.
올 수 없으시다니 매우 유감이군요.

Textverstehen!

▶ 초대를 거절할 때의 여러 가지 표현

Heute geht es leider nicht. 오늘은 유감스럽게도 안 됩니다.
Heute habe ich leider keine Zeit. 오늘은 유감스럽게도 시간이 없어요.
Leider habe ich schon eine Verabredung. 유감스럽게도 이미 약속이 있어요.

08 | 사과할 때

Entschuldigen Sie bitte!
죄송합니다!

 **Grundausdrücke**

▶ **Entschuldigen Sie bitte!**

죄송합니다!

▶ **Entschuldigen Sie bitte, sprechen Sie Deutsch?**

실례지만, 독일 말을 하십니까?

▶ **Entschuldigung! Ist der Platz hier frei?**

실례합니다! 여기 이 좌석 비어 있습니까?

▶ **Bitte entschuldigen Sie die Störung!**

방해해서 죄송합니다!

▶ **Das war nicht meine Absicht.**

그것은 내 의도가 아니었습니다.

Wir lernen!

- **entschuldigen = verzeihen** 용서하다
- **Deutsch sprechen** 독일 말을 하다
- **der Platz** 장소; 좌석
- **frei** (방·좌석이) 비어 있는
- **die Störung** 방해
- **war** sein 동사의 과거형

- **die Absicht** 의도
- **stören** 방해하다, 성가시게 하다
- **Lassen Sie sich nicht stören!**
  폐 될 것 없습니다. 염려 마십시오.
- **um et.⁴ bitten** (무엇)을 부탁하다, 청하다
- **vielmals** 여러 번
- **et.⁴ verstehen** (무엇)을 이해하다

| Dialoge |

A Entschuldigen Sie bitte!
실례합니다!

B Ja, bitte!
네, 좋습니다.

A Bitte entschuldigen Sie die Störung!
폐를 끼쳐 죄송합니다.

B Lassen Sie sich bitte nicht stören!
폐 될 것 없습니다.

A Ich bitte vielmals um Entschuldigung.
거듭 용서를 구합니다.

B Schon gut.
됐습니다.

A Das war nicht meine Absicht.
그것은 내 의도가 아니었습니다.

B Ich verstehe es.
이해합니다.

Textverstehen!

▶ 「죄송합니다! / 실례합니다!」의 여러 가지 표현
Entschuldigen Sie bitte!
Entschuldigung!
Verzeihen Sie bitte!
Verzeihung!

09 | 잠시 자리를 뜰 때

Entschuldigen Sie mich einen Augenblick!
잠시 실례하겠습니다.

 Grundausdrücke

▸ **Entschuldigen Sie mich einen Augenblick.**

   잠시 실례하겠습니다.

▸ **Einen Augenblick, bitte!**

   잠깐만 기다려 주세요!

▸ **Darf ich mich für einen Augenblick entschuldigen?**

   잠시 실례해도 되겠습니까?

▸ **Einen Moment bitte!**

   잠시 기다려 주세요!

▸ **Warten Sie bitte noch ein Weilchen!**

   잠시만 더 기다려 주세요!

📝 Wir lernen!

- jn. (et.⁴) entschuldigen 누구를(무엇을) 용서하다
- einen Augenblick = einen Moment = ein Weilchen 「잠시 동안」은 4격 부사구
- warten 기다리다
- sich⁴ für et.⁴ entschuldigen (무엇)에 대하여 사과하다
- zu Hause sein 집에 있다

Dialoge

A Entschuldigen Sie mich bitte einen Augenblick!
잠시 실례하겠습니다.

B Bitte!
좋습니다.

A Darf ich mich für einen Augenblick entschuldigen?
잠시 실례해도 되겠습니까?

B Ja, bitte!
네, 좋습니다.

A Kann ich bitte Herrn Neumann sprechen?
노이만 씨와 통화할 수 있을까요?

B Ja, einen Augenblick, bitte!
네, 잠깐만 기다리세요.

A Ist Hans zu Hause?
한스 집에 있어요?

B Ja, er ist da. Warte einen Moment.
그래, 집에 있다. 잠깐만 기다려.

Textverstehen!

▶ 「잠시 기다려 주세요!」의 여러 가지 표현
  Einen Augenblick, bitte!
  Einen Moment bitte!
  Warten Sie bitte einen Augenblick!
  Warten Sie bitte ein Weilchen!

10 | 약속을 지키지 못했을 때

Entschuldigen Sie bitte meine Verspätung!
늦어서 죄송합니다.

 Grundausdrücke

▶ **Entschuldigen Sie bitte meine Verspätung!**

늦어서 죄송합니다.

▶ **Entschuldigen Sie bitte, daß ich Sie so lange warten ließ!**

오래 기다리게 해서 죄송합니다.

▶ **Haben Sie schon lange gewartet?**

오래 기다리셨지요?

▶ **Ich habe etwa eine halbe Stunde gewartet.**

기다린 지 반 시간쯤 됐어요.

▶ **Entschuldigung! Ich wollte eigentlich früher kommen.**

죄송해요! 정말 일찍 오려고 했는데.

Wir lernen!

- die Verspätung 지각
- jn. warten lassen (누구)를 기다리게 하다
- eine halbe Stunde 반 시간
- eigentlich 원래; 실제로
- früher 더 일찍
- zu spät kommen 지각하다, 늦게 오다

- Das macht nichts. / Das schadet nichts. 괜찮습니다. 상관없습니다.
- gerade 바로, 막
- den Bus versäumen 버스를 놓치다
- (Es) tut mir leid. 유감입니다.
- wirklich 실제로, 정말로

Dialoge

A Entschuldigen Sie bitte, daß ich zu spät komme!
늦어서 죄송합니다.

B Das macht nichts.
괜찮습니다.

A Es tut mir leid, Sie warten zu lassen.
기다리게 해서 죄송합니다.

B Das schadet nichts.
괜찮습니다.

A Haben Sie schon lange gewartet?
오래 기다리셨지요?

B Nein, ich bin gerade gekommen.
아니요, 방금 왔습니다.

A Leider habe ich den Bus versäumt.
유감스럽게도 버스를 놓쳤어요.

B Das tut mir wirklich leid.
그건 정말 유감스러운 일이군요.

Textverstehen!

▶ 「괜찮습니다 / 상관없습니다」의 여러 가지 표현
　Das macht nichts. / Macht nichts.
　Das schadet nichts. / Schadet nichts.
　Das ist nicht schlimm.
　Das ist kein Problem.

독일의 주요 도시와 인구

Berlin	3,520,031명	Dortmund	586,181명
Hamburg	1,787,408명	Essen	582,624명
München	1,450,381명	Leipzig	560,472명
Köln	1,060,582명	Bremen	557,464명
Frankfurt	732,688명	Duisburg	532,000명
Stuttgart	623,738명	Dresden	543,825명
Düsseldorf	612,178명	Hannover	532,163명

*2015년 기준 (단위: 명)

● 독일의 16개 주와 주도

주명	주도	주명	주도
Baden-Württemberg 바덴-뷔르템베르크	Stuttgart 슈투트가르트	Niedersachsen 니더작센	Hannover 하노버
Bayern 바이에른	München 뮌헨	Nordrhein-Westfalen 노르트라인-베스트팔렌	Düsseldorf 뒤셀도르프
Berlin 베를린	Berlin 베를린	Rheinland-Pfalz 라인란트-팔츠	Mainz 마인츠
Brandenburg 브란덴부르크	Potsdam 포츠담	Saarland 자르란트	Saarbrücken 자르브뤼켄
Bremen 브레멘	Bremen 브레멘	Sachsen 작센	Dresden 드레스덴
Hamburg 함부르크	Hamburg 함부르크	Sachsen-Anhalt 작센-안할트	Magdeburg 막데부르크
Hessen 헤센	Wiesbaden 비스바덴	Schleswig-Holstein 슐레스비히-홀슈타인	Kiel 킬
Mecklenburg-Vorpommern 메클렌부르크-포어폼머른	Schwerin 슈베린	Thüringen 튀링엔	Erfurt 에어푸르트

독일의 역사적인 도시들

독일의 여러 도시들은 역사적인 유적들로 가득하여 도시마다 역사의 숨결을 느낄 수 있는데, 오늘은 독일의 5대 도시 베를린, 함부르크, 뮌헨, 쾰른, 프랑크푸르트와 역사적인 몇 도시들의 면면을 살펴본다.

베를린(Berlin)은 인구 약 350만 명의 독일 최대 도시로 독일연방공화국의 수도이며, 통일 이후는 유럽의 중심지로, 세계 평화의 상징 도시로 거듭나고 있다. 옛 서베를린 지역에는 프러시아(프로이센) 왕국의 많은 보물들이 보존되어 있는 '샬롯텐부르크 궁전(Schloss Charlottenburg)'이 있고, 슈프레 강변에는 세계적 수준의 미술관, 박물관들이 있으며, 알렉산더 광장에는 이 도시의 명물인 360m 높이의 TV송신탑이 있다. 베를린 중심부에 있는 '브란덴부르크 문'에서 동쪽으로 길게 뻗어있는 '운터 덴 린덴'('보리수 아래'라는 뜻) 거리 주변에는 18, 19세기의 역사적인 건축물들이 즐비하다. 18세기 프러시아 제국시절 축조되어 200년이 넘도록 이 도시의 상징이 되어온 '브란덴부르크 문'은 유럽을 제패한 프러시아 제국(1618~1947)의 계승자인 프리드리히 2세가 1791년에 완공한 것으로 프러시아와 프랑스 사이에 맺어진 바젤평화조약을 기념한 것이다.

함부르크(Hamburg)는 인구 약 170만 명의 독일 제2 도시로 유럽 최대의 항구 도시이며, '세계로 가는 독일의 관문'이라 불리는 해외무역의 중심지로 세계의 약 1300여개 항구 도시와 배로 연결된다. 함부르크는 직접 바다(북해)에 접해 있지 않고 북해로 흐르는 엘베 강에 접해 있어서, 배들은 이 엘베 강을 통해 함부르크를 왕래한다.

함부르크는 독일에서 가장 빼어난 녹색 도시이다. 도시 면적의 28%가 자연보호 지역이며, 120개가 넘는 공원이 있다. 울창한 숲과 가로수 길, 농경지와 수목원 그리고 유람선이 떠다니는 알스터 호수와 유유히 흐르는 엘베 강은 함부르크를 아름다운 녹색 도시로 만들었다.

바이에른주의 주도인 **뮌헨**(München)은 도나우 강의 지류인 이자르 강변에 위치한, 인구 약 140만 명의 남부 독일의 중심지로, 12세기 이후 바이에른 왕국시대의 건축예술을 자랑하는 생동감 넘치는 궁정 문화의 중심지이다. 뮌헨에는 역대 바이에른 왕들이 세운 크고 작은 궁전들이 곳곳에 남아 있으며, 30여

개나 되는 수준 높은 미술관과 40여 개의 박물관 등 문화시설이 잘 갖추어져 있고, 구시가지에는 역사 깊은 페터스 교회, 르네상스 양식의 미하엘스 교회, 고딕 양식의 프라우엔 교회 등이 있다. 프라우엔 교회(성모 교회)의 두 개의 첨탑과 고딕 양식의 시청사는 건축예술의 아름다움을 보여주는 뮌헨의 상징이 되고 있으며, 시청사의 시계탑은 뮌헨을 방문한 사람들이 꼭 한번 보고 싶어 하는 명물이 되었다. 뮌헨을 둘러싸고 있는 아름다운 시골 풍경은 또 다른 자랑거리로 녹음이 우거진 언덕과 숲 그리고 호수와 성이 어우러져, 마치 한 폭의 그림과 같다. 그리고 맥주 축제인 '10월 축제(Oktoberfest)'는 너무나 유명하다.

독일 북서부의 라인 강변에 위치하고 있는, 인구 약 100만 명의 **쾰른(Köln)**은 2000여 년 전에 로마인들이 건설한 대표적인 도시로 선진 로마문화의 요충지였다. 제2차 세계대전 중 도시의 절반이 공습으로 파괴되었으나 다행히 쾰른 대성당(der Kölner Dom)은 피해를 입지 않았다. 연합군이 이 귀중한 문화유산을 피해가며 포격을 가했다고 전해진다. 두 개의 웅장한 첨탑을 가진 높이 157m의 쾰른 대성당(1248~1880)은 세계에서 제일 큰 고딕 양식의 성당으로 완공하기까지 무려 600년 이상의 세월이 걸렸다.

독일 최초의 고속도로는 1932년, 3년간의 공사기간 끝에 완공된 쾰른-본 구간의 '아우토반(Autobahn)'이다. 1933년 나치스 정권이 집권하자 히틀러의 지시로 연장공사를 추진하여 제2차 세계대전으로 공사가 중단될 때까지 3,960km 길이의 고속도로가 완성되었다. 1966년 기준으로 독일의 고속도로 총 길이는 약 11,000km에 이른다. 세계에서 미국 다음으로 긴 고속도로망을 갖추고 있다. 1964년 12월 박정희 대통령이 파독 광부와 간호사를 위문하기 위해 독일을 방문했을 때 '아우토반'을 달려본 후 귀국하여 바로 고속도로 건설에 착수하였다. 그로부터 4년 뒤 가장 먼저 경인고속도로가 완공되었고, 1970년 7월 7일 경부고속도로가 개통되었다.

라인강의 지류인 마인 강변에 있는, 인구 약 70만 명의 **프랑크푸르트(Frankfurt)**는 독일 경제·금융의 중심지이며, 독일에서 가장 큰 국제공항이 있는 유럽의 교통 중심지이다.

프랑크푸르트는 역사적인 의미가 가득한 도시로, 이곳 돔(대성당)에서는 1152년에 신성로마제국의 황제가 선출되었고, 1562년에 이르러 이후 200여 년간 독일황제의 대관식이 거행되었다. 특히 이 도시는 세계적인 대문호 괴테가 태

어난 곳으로 유명한데, 구시가지의 '그로센 히르슈그라벤' 거리에 괴테의 생가(Goethehaus)가 있다. 괴테하우스는 제2차 세계대전 중 파괴되었으나 전후에 복원되었다.

또한 프랑크푸르트에서는 매년 세계 최대 규모의 국제 도서박람회가 열린다. 독일은 박람회(Messe)의 천국이라 할 수 있을 만큼 전 세계에서 비중이 큰 150개의 국제박람회 중 3분의 2를 개최하고 있다. 국제박람회가 개최되는 주요 도시로는 산업박람회의 중심지인 프랑크푸르트를 비롯하여 하노버, 뒤셀도르프, 쾰른, 뮌헨, 베를린, 함부르크, 슈투트가르트 등 여러 도시들이 있다.

라인 강변에 있는, 인구 약 30만 명의 작은 도시 **본**(Bonn)은 1949년부터 1991년 독일의 수도가 베를린으로 옮겨갈 때까지 독일연방정부가 있었던 서독의 수도였다. 무엇보다 악성(樂聖) 베토벤이 이 도시에서 태어났다는 사실이 본(Bonn)의 자랑거리다. 시내 중심가의 작은 거리(Bonngasse 20)에 있는 베토벤의 생가(Beethovenhaus)와 그의 동상은 이 세계적인 음악가를 기리고 있다.

네카 강변에 위치하며, 중세의 모습을 간직한 고풍스러운 도시 **하이델베르크**(Heidelberg)는 인구 약 13만 명의 대학 도시로, 주민들 중 대학생이 3만 여명에 이른다. 1386년에 설립되어 독일에서 가장 역사가 깊은 하이델베르크 대학과 하이델베르크 성(1225년), 성령교회(1441년), 네카 강을 가로지르는 칼 테오도르 다리와 학생 감옥 그리고 1751년에 만들어진 세계 최대의 포도주 통(약 22만 리터)과 철학자의 길 등은 아름답고 목가적인 도시 하이델베르크의 자랑거리다. 괴테는 이 도시를 여덟 번이나 방문했으며, 이곳에서 '마리안 폰 빌레머'라는 여인과 사랑에 빠지기도 했다고 한다.

엘베 강변에 위치하며, 작센주의 주도인 **드레스덴**(Dresden)은 유럽에서 가장 아름다운 궁전 도시의 면모를 간직하고 있다. 특히 17~18세기에 건축된 바로크 양식의 화려한 건축물들이 많이 남아있는데, 츠빙어 궁전, 젬퍼 오페라하우스 등은 바로크 건축의 최고 걸작품으로 세계적인 명성을 얻고 있다.

드레스덴은 제2차 세계대전이 끝나기 직전 연합군의 대공습으로 하룻밤 사이에 완전히 폐허가 되어버렸다. 그러나 통일 후 본격적인 복원 작업이 이루어져 음악의 전당 젬퍼 오페라하우스, 역대 작센 왕들이 살았던 츠빙어 궁전과 레지덴츠 성 그리고 프라우엔 교회 등 다수의 건축물들이 복원되어 옛 모습을 되찾아가고 있다. 하지만 아직도 세계대전의 참상의 흔적은 도시 곳곳에 남아있다.

독일문학을 논할 때 빼놓을 수 없는 도시 **바이마르**(Weimar)는 18세기부터 19세기에 걸쳐 독일 고전주의의 중심지였다. 괴테, 쉴러, 헤르더, 비일란트 등 독일문학의 거장들과 작곡가 바흐, 리스트, 철학자 헤겔, 니체 등이 이곳에서 활동했다. 괴테가 생애의 대부분(1782~1832)을 살았던 집과 괴테 국립박물관, 쉴러가 살던 집과 쉴러관(館) 그리고 괴테와 쉴러의 무덤과 동상이 이곳에 있어서 이 대가(大家)들의 삶을 추적해 볼 수 있는 귀중한 장소가 되고 있다.

1919년 제1차 세계대전 종전과 함께 왕정이 무너진 후 이 곳 국립극장에서 국민의회가 소집되어 '바이마르 헌법'이라는 민주적 헌법이 제정되고, 독일 최초의 공화국인 '바이마르 공화국(1919~33)'이 탄생하였다. 그러나 1933년 히틀러의 나치스 정권 출현으로 바이마르 공화국은 역사 속으로 사라졌다.

베를린에서 남서쪽으로 약 24km 떨어진 곳에 있는, 브란덴부르크주의 주도인 **포츠담**(Potsdam)은 1945년 7월 17일부터 8월 2일까지 미국, 영국, 프랑스, 소련의 수뇌들이 독일의 미래에 관해 협상하기 위하여 회담이 열렸던 도시이다. 이 회담에서 연합국은 '포츠담 협정'을 체결하여 독일의 분할 점령정책을 재확인하였다. 그리하여 결국 독일은 동서로 분단되었다.

포츠담은 하벨 호수와 왕궁의 정원으로 둘러싸인 프러시아 왕가의 전통이 빛나는 도시다. 프러시아 왕 프리드리히 2세(1740~86년 재위)가 여름 별장으로 사용하기 위해 포츠담 교외에 자신의 설계로 '상수시 궁전(Schloss Sanssouci)'을 건축하고 아름다운 정원을 조성하였다. 대왕은 특히 이 궁전을 좋아하여 35세 때부터 74세로 생을 마감할 때까지 이 궁전에서 보냈다. 17세기 중엽부터 프러시아는 북부 독일의 가장 강력한 나라로 발전하여 프리드리히 대왕 때에는 7년 전쟁에서 프랑스, 러시아, 오스트리아 3국 동맹에 맞서 나라를 지킬 정도로 유럽의 강대국으로 부상하였다.

제 4 부

감정

Vierter Teil | das Gefühl

01 | 기쁠 때

Es freut mich sehr.
나는 매우 기뻐요.

 **Grundausdrücke**

▸ **Es freut mich sehr.**

나는 매우 기뻐요.

▸ **Wie ich mich freue!**

나는 얼마나 기쁜지 몰라요!

▸ **Es freut mich sehr, Sie zu sehen.**

당신을 만나서 매우 기뻐요.

▸ **Ich bin sehr froh über unser Wiedersehen.**

우리가 다시 만나게 되어 매우 기뻐요.

▸ **Ich fühle mich heute ausgezeichnet.**

나는 오늘 기분이 아주 좋아요.

Wir lernen!

- über et.4 froh sein (무엇)을 기뻐하다
- unser Wiedersehen 우리의 재회
- darüber = über unser Wiedersehen
- Wollen wir … …합시다!
- diesen Abend = heute abend 오늘 저녁
- ein Glas Bier 맥주 한 잔
- recht 옳은; 적당한; 아주
- jn. freuen (누구)를 기쁘게 하다

Dialoge

A Es freut mich sehr, dich zu sehen.
너를 만나게 되어 매우 기뻐.

B Ich freue mich auch.
나도 기뻐.

A Ich bin sehr froh über unser Wiedersehen.
우리가 다시 만나게 되어 매우 기뻐요.

B Ich bin auch froh darüber.
나도 우리의 재회가 기뻐요.

A Wollen wir diesen Abend ein Glas Bier trinken!
오늘 저녁 맥주 한 잔 합시다!

B Recht gern!
좋지요!

A Dein Erfolg freut uns.
네가 성공해서 우리는 기뻐.

B Besten Dank, Vater und Mutter!
정말 고맙습니다, 아버지, 어머니!

Textverstehen!

▶ 「나는 매우 기뻐요.」의 여러 가지 표현
Es freut mich sehr. / Ich freue mich sehr.
Ich bin sehr froh. / Ich bin sehr erfreut.

▶ 「…합시다!」의 표현 : Wollen wir (=Wir wollen) …!
Wollen wir gehen! / Wir wollen gehen! 갑시다!
Wollen wir ein Glas Bier trinken! 맥주 한 잔 합시다!
Wollen wir noch ein Glas Bier trinken! 맥주 한 잔 더 합시다!

02 | 유감스러움을 나타낼 때

Schade!
유감입니다.

 Grundausdrücke

▸ **Schade!**

유감입니다.

▸ **Wie schade!**

유감천만입니다.

▸ **Es ist sehr schade, daß Sie nicht kommen können.**

당신이 올 수 없다니 매우 유감입니다.

▸ **Wie schade, daß das Wetter so schlecht ist!**

날씨가 이렇게 나쁘다니 유감천만이군요.

▸ **Das tut mir sehr leid.**

그건 매우 유감스럽군요.

Wir lernen!

- schade = bedauerlich 유감스러운
- schlecht 나쁜 (↔ gut)
- verabredet sein 약속이 되어 있다
- sich⁴ erkälten 감기 들다
- einen Unfall haben 사고를 당하다
- verletzen 상처를 입히다
- wurde … verletzt는 과거 수동문
- zum Glück 다행히

| Dialoge |

A **Es ist sehr schade, daß Sie nicht kommen können.**
당신이 올 수 없다니 매우 유감입니다.

B **Leider bin ich schon verabredet.**
유감스럽게도 이미 약속이 되어 있어요.

A **Vielleicht habe ich mich erkältet.**
아마도 제가 감기에 걸렸나 봐요.

B **Das tut mir aber leid.**
안됐군요.

A **Meine Frau hatte einen Unfall.**
제 아내가 사고를 당했어요.

B **Ach, das tut mir aber leid.**
참 안됐군요.

A **Wurde sie beim Unfall nicht verletzt?**
사고 시에 다치지는 않으셨는지요?

B **Nein, zum Glück nicht.**
네, 다행히 다치지는 않았어요.

Textverstehen!

▶ 「유감」을 나타내는 여러 가지 표현
  Schade! / Tut mir leid. / Es tut mir leid. 유감입니다.
  Wie schade! 유감천만입니다.
  Sehr schade! / Bedau(e)re sehr. 매우 유감입니다.
  Das ist schade(=bedauerlich). 그건 유감스러운 일입니다.
  Das tut mir sehr leid. 그건 매우 유감스러운 일입니다.

03 | 위로·격려할 때

Nur keine Angst!
걱정하지 마세요.

 Grundausdrücke

▸ **Nur keine Angst!**

걱정하지 마세요.

▸ **Das macht nichts.**

괜찮습니다.

▸ **Du sollst den Mut nicht verlieren.**

넌 용기를 잃어서는 안 돼.

▸ **Sie sprechen schon so gut Deutsch.**

당신은 이미 독일 말을 매우 잘 하세요.

▸ **Mein herzliches Beileid!**

진심으로 조의를 표합니다.

Wir lernen!

- nur 다만, 단지
- die Angst 불안, 걱정
- den Mut verlieren 용기를 잃다
- das Beileid 조의
- scheinen ... zu 부정형 ···인 것처럼 보이다
- schwer 어려운 (↔ leicht)

- immer noch (=noch immer) 여전히
- Fehler machen 오류를 범하다
- mutig 용기 있는
- beim Skifahren 스키 탈 때
- vorsichtig 조심스러운, 주의 깊은

| Dialoge |

🔊 4-03.mp3

A Deutsch scheint mir sehr schwer zu sein.
독일어는 나에겐 매우 어려운 것 같아요.

B Sie sprechen schon so gut Deutsch.
이미 독일 말을 매우 잘 하시는데요.

A Ich mache immer noch viele Fehler.
나는 여전히 많은 실수를 해요.

B Das macht nichts. Seien Sie mutig!
괜찮아요. 용기를 내세요.

A Sei bitte beim Skifahren vorsichtig!
스키 탈 때 조심해라!

B Nur keine Angst!
걱정 마세요.

A Mein herzliches Beileid!
진심으로 조의를 표합니다.

B Herzlichen Dank!
진심으로 감사드립니다.

Textverstehen!

▶ Sei mutig! 용기를 내라!
　Seien Sie mutig! 용기를 내십시오!

▶ Sei vorsichtig! 조심해라!
　Seien Sie vorsichtig! 조심하십시오!

▶ Entschuldige bitte! 용서해라!
　Entschuldigen Sie bitte! 용서하십시오!

04 | 놀라움을 나타낼 때

Wirklich?
정말이에요?

 Grundausdrücke

▶ **Wirklich?**

정말이에요?

▶ **Nicht möglich!**

그럴 리가!

▶ **Ach Gott!**

하나님 맙소사!

▶ **Ach was?**

뭐라고요?

▶ **Was ist denn los?**

도대체 무슨 일이에요?

📝 Wir lernen!

- Was ist denn los? 도대체 무슨 일이니?
- jn. heiraten (누구)와 결혼하다
- der Ausländer / die Ausländerin 외국인
- die Überraschung 놀람; 놀라운 일
- tun 하다, 행하다 tun-tat-getan
- wissen 알다, 알고 있다

- aber 그러나; 하지만
- sicher 확실한; 안전한
- operiert werden 수술 받다
- angefahren werden 부딪치다
  werden-wurde-geworden

Dialoge

A Sie hat einen Ausländer geheiratet.
그녀는 어느 외국인과 결혼했어요.

B Wirklich? Das ist ja eine Überraschung.
정말이에요? 뜻밖인데요.

A Hat er es getan? Nicht möglich!
그가 그 일을 했다고요? 그럴 리가!

B Aber sicher!
하지만 확실해요.

A Wissen Sie nicht, daß er operiert wurde?
그가 수술 받은 것을 모르세요?

B Ach was? Wurde er operiert?
뭐라구요? 그가 수술 받았다고요?

A Was ist denn los?
도대체 무슨 일이에요?

B Herr Müller wurde von einem Auto angefahren.
뮐러 씨가 자동차에 부딪혔어요.

Textverstehen!

▶ 놀라움을 나타낼 때의 여러 가지 표현

Wirklich? 정말이에요?
Ach was? 뭐라고요?
Ach Gott! 하나님 맙소사!
Nicht möglich! 그럴 리가! 설마!
Das ist ja eine Überraschung! 이건 정말 놀라운 일이야!
Was ist denn los? 도대체 무슨 일이에요?

05 | 감탄할 때

Wunderbar!
멋있네요!

🗣️ Grundausdrücke

▶ **Wunderbar!**

멋있네요!

▶ **Das ist ja wunderbar!**

이건 정말 멋있네요!

▶ **Welch herrliches Wetter heute!**

오늘은 정말 좋은 날씨로구나!

▶ **Welch ein Zufall, Sie hier zu treffen!**

당신을 여기에서 만나다니 이럴 수가!

▶ **Der Regenbogen ist so schön!**

무지개가 참으로 아름답군요!

📝 Wir lernen!

- **wunderbar** 놀라운; 훌륭한
- **herrlich** 훌륭한
- **das Wetter** 날씨
- **der Zufall** 우연한 일
- **jn. treffen** (누구)를 만나다
- **der Regenbogen** 무지개

- **nicht wahr?** 그렇지 않아요? 그렇지요?
- **das Auto** [-s, -s] 자동차
- **finden** 발견하다; (…하다고) 생각하다
- **die Geburt** 탄생, 출생
- **der Enkel** 손자

| Dialoge |

🔊 4-05.mp3

A Welch herrliches Wetter, nicht wahr?
날씨가 정말 좋지요, 그렇지 않아요?

B Ja, wirklich.
정말 그러네요.

A Das ist mein Auto. Wie finden Sie es?
이건 제 차예요. 어떠세요?

B O, sehr schön!
오, 멋있는데요!

A Herzlichen Glückwunsch zur Geburt des Enkels!
손자의 출생을 진심으로 축하합니다!

B Wie mich das freut!
전 얼마나 기쁜지 몰라요.

A Welch ein Zufall, Sie hier zu treffen!
당신을 여기에서 만나다니 이럴 수가!

B Das ist ja eine Überraschung.
정말 뜻밖이에요.

Textverstehen!

▶ 감탄을 나타낼 때의 여러 가지 표현
Wunderbar! 멋있구나!
Wunderschön! 참으로 아름답구나!
Herrlich! 훌륭해!
Ausgezeichnet! 근사하다!

06 | 비난할 때와 화났을 때

Schäm dich!
부끄러운 줄 알아라!

 Grundausdrücke

▸ **Schäm dich!**

부끄러운 줄 알아라!

▸ **Sei ruhig!**

조용히 해!

▸ **Halt den Mund!**

입 닥쳐!

▸ **Geh weg!**

꺼져라!

▸ **Du lügst!**

이 거짓말쟁이!

Wir lernen!

- sich⁴ schämen 부끄러워하다
- ruhig (=still) 조용한
- den Mund halten 입을 다물다
- weggehen 가버리다, 떠나다
- schäm(schämen), sei(sein), halt(halten), geh(gehen) du에 대한 명령형
- lügen 거짓말하다
- sich⁴ irren 잘못 생각하다
- wenn (종속 접속사) 만약 …라면
- um Verzeihung bitten 용서를 빌다
- die Handlung 행동
- jm. böse sein (누구)에게 화를 내다

Dialoge

A Schäm dich!
부끄러운 줄 알아라!

B Entschuldigen Sie! Ich habe mich geirrt.
용서해 주세요! 제가 잘못 생각했습니다.

A Sei ruhig!
조용히 해!

B Entschuldige bitte, wenn ich störe!
방해가 되었다면 미안해.

A Du lügst!
이 거짓말쟁이!

B Ich bitte um Verzeihung für meine Handlung.
나의 행동에 대해 용서를 빕니다.

A Geh weg!
꺼져라!

B Seien Sie mir nicht böse!
내게 화내지 마시오!

Textverstehen!

- Schäm dich! 부끄러운 줄 알아라!
  Schämen Sie sich! 부끄러운 줄 아세요!

- Sei ruhig! 조용히 해!
  Seien Sie ruhig! 조용히 하세요!

- Geh weg! 꺼져라!
  Gehen Sie weg! 꺼져 버리세요!

- Sei mir nicht böse! 내게 화내지 마!
  Seien Sie mir nicht böse! 내게 화내지 마세요!

07 | 두려울 때

Keine Furcht!
두려워할 것 없다.

 **Grundausdrücke**

▶ **Keine Furcht!**

두려워할 것 없다.

▶ **Sie brauchen sich nicht zu fürchten.**

당신은 두려워할 필요가 없어요.

▶ **Ich habe große Furcht.**

나는 매우 두려워요.

▶ **Ich fürchte mich davor.**

나는 그것이 두려워요.

▶ **Ich fürchte, daß er heute nicht kommt.**

그가 오늘 오지 않을까봐 걱정스러워요.

Wir lernen!

- die Furcht 두려움, 공포
- brauchen ... zu 부정형 …할 필요가 있다
- sich⁴ vor et.³ fürchten (무엇)을 두려워하다
- Furcht haben 두려워하다, 무서워하다
- die Prüfung 시험
- der Mut 용기
- sich³ Sorgen machen 걱정하다
- im Dunkeln 어둠 속에서
- allein 혼자
- aufpassen 주의하다

Dialoge

A Ich fürchte mich vor der Prüfung.
나는 시험이 두려워요.

B Keine Furcht! Nur Mut!
두려워할 것 없다. 용기를 내!

A Ich habe große Furcht.
나는 매우 두려워요.

B Du brauchst dich nicht zu fürchten.
두려워할 필요 없다.

A Ich fürchte, daß du zu spät kommst.
네가 너무 늦지 않을까 걱정이야.

B Bitte, machen Sie sich keine Sorgen!
아무 걱정 마세요!

A Ich fürchte mich, im Dunkeln allein zu gehen.
어둠 속에서 혼자 가는 것이 무서워요.

B Paß auf!
주의해라!

Textverstehen!

▶ 두려움을 나타내는 여러 가지 표현
Ich habe Furcht. 나는 두렵다(무섭다).
Ich habe große Furcht. 나는 매우 두렵다(무섭다).
Ich fürchte mich vor der Prüfung. 나는 시험이 두렵다.
Ich habe Furcht vor dem Hund. 나는 개가 무섭다.

08 | 실망했을 때

Ich bin von ihm enttäuscht.

나는 그에게 실망했어.

 **Grundausdrücke**

▸ **Ich bin von ihm enttäuscht.**

나는 그에게 실망했어.

▸ **Das hätte ich nicht von ihm gedacht.**

그에게 그런 면이 있는 줄 몰랐어.

▸ **Der Film hat mich sehr enttäuscht.**

그 영화는 너무 실망스러웠어.

▸ **Durch sein Verhalten bin ich bitter enttäuscht.**

그의 태도에 나는 몹시 실망했어.

▸ **Leider geht es nicht anders.**

유감스럽게도 달리 방법이 없어요.

📝 Wir lernen!

- **von jm. enttäuscht sein** (누구)에게 실망하다
- **denken** 생각하다 denken-dachte-gedacht
- **der Film** 필름; 영화
- **jn. enttäuschen** (누구)를 실망시키다
- **das Verhalten** 태도; 행동
- **bitter** 몹시
- **anders** 다르게
- **im Augenblick** 순간에, 지금
- **immer** 항상, 언제나
- **jm. gefallen** (누구)의 마음에 들다

| Dialoge |

A Mein Mann ist im Augenblick nicht zu Haus.
남편은 지금 집에 없어요.

B Da kann man nichts machen. Ich komme morgen wieder.
할 수 없네요. 내일 다시 오겠습니다.

A Sie kommt immer zu spät.
그녀는 언제나 늦게 와.

B Wirklich, es ist so. Ich bin von ihr enttäuscht.
정말, 그래. 나는 그녀에게 실망했어.

A Das hätte ich nicht von ihm gedacht!
나는 그에게 그런 면이 있는 줄 몰랐어.

B Wer hätte das gedacht.
누가 그것을 생각이나 했겠어.

A Wie hat Ihnen der Film gefallen?
그 영화 어땠어요?

B Der Film hat mich sehr enttäuscht.
매우 실망스러웠어요.

Textverstehen!

▶ 실망을 나타내는 여러 가지 표현
Ich bin von dir enttäuscht. 나는 너에게 실망했어.
Ich bin von ihm enttäuscht. 나는 그에게 실망했어.
Ich bin von ihr enttäuscht. 나는 그녀에게 실망했어.
Ich bin von Ihnen sehr enttäuscht. 나는 당신에게 대단히 실망했어요.

발음 연습

● Der Wochentag

der Sonntag	[zɔ́ntaːk]	일요일
der Montag	[móntaːk]	월요일
der Dienstag	[díːnstaːk]	화요일
der Mittwoch	[mítvɔx]	수요일
der Donnerstag	[dɔ́nərstaːk]	목요일
der Freitag	[fráitaːk]	금요일
der Samstag	[zámstaːk]	토요일 (독일 중부·남부에서)
der Sonnabend	[zɔ́n-aːbənt]	토요일 (독일 북부·동부에서)

● Der Monat

der Januar	[jánuaːr]	1월
der Februar	[fèːbruaːr]	2월
der März	[mɛrts]	3월
der April	[apríl]	4월
der Mai	[mai]	5월
der Juni	[jùːniː]	6월
der Juli	[jùːliː]	7월
der August	[augùst]	8월
der September	[zɛ́ptémbər]	9월
der Oktober	[ɔktóːbər]	10월
der November	[novémbər]	11월
der Dezember	[detsɛ́mbər]	12월

● Die Jahreszeit

der Frühling	[frýːliŋ]	봄
der Sommer	[zɔ́mər]	여름
der Herbst	[hɛ́rpst]	가을
der Winter	[víntər]	겨울

독일 국가

독일의 노래(das Deutschlandlied)는 "통일·정의·자유"로 시작되는 3절만 불리운다. 가사는 Hoffmann von Fallersleben(1799~1874)이 쓰고, 곡은 Joseph von Haydn(1732~1809)이 붙였다.

> Einigkeit und Recht und Freiheit
> Für das deutsche Vaterland,
> Danach laßt uns alle streben
> Brüderlich mit Herz und Hand!
> Einigkeit und Recht und Freiheit
> Sind des Glückes Unterpfand.
> Blüh' im Glanze dieses Glückes,
> Blühe, deutsches Vaterland!

> 조국 독일의
> 통일과 정의와 자유를 위하여
> 우리 모두 힘쓰세
> 몸과 마음을 합하여.
> 통일과 정의와 자유는
> 행복의 담보이네
> 이 행복의 광휘 속에 번영하라
> 독일의 조국이여, 번영하라.

속담 | Sprichworter

- Aller Anfang ist schwer.
  모든 시작은 어렵다.

- Übung macht den Meister.
  노력은 성공의 어머니.

- Ohne Fleiß kein Preis.
  노력 없이 대가 없다.

- Kein Meister fällt vom Himmel.
  날 때부터 천재는 없다.

- Steter Tropfen höhlt den Stein.
  끊임없이 떨어지는 물방울이 바위를 뚫는다.

- Zeit und Stunde warten nicht.
  세월은 기다림이 없다.

- Alles hat seine Zeit.
  만사는 때가 있다.

- Ohne Saat keine Ernte.
  씨 뿌리지 않고는 거둘 수 없다.

- Was du heute kannst besorgen, verschiebe nicht auf morgen!
  오늘 할 수 있는 일을 내일로 미루지 마라.

- Wer nicht wagt, der nicht gewinnt.
  감행하지 않는 자는 얻지 못한다.

- Wer zuletzt lacht, lacht am besten.
  마지막에 웃는 자가 최후의 승자다.

- Ende gut, alles gut.
  끝이 좋아야 모든 것이 좋다.

제 5 부
친교

Fünfter Teil | die Freundschaft

01 | 초대할 때

Ich möchte Sie zum Abendessen einladen.
당신을 저녁식사에 초대하고 싶어요.

 Grundausdrücke

▶ **Ich möchte Sie zum Abendessen einladen.**
당신을 저녁식사에 초대하고 싶어요.

▶ **Darf ich Sie zu uns zum Abendessen einladen?**
당신을 우리 집으로 저녁식사에 초대해도 될까요?

▶ **Wollen Sie uns nicht einmal besuchen?**
우리를 한번 방문하시지 않겠습니까?

▶ **Kannst du heute mit mir zu Mittag essen?**
오늘 나와 점심 같이 할 수 있겠니?

▶ **Wollen wir ein Glas Bier trinken?**
맥주 한 잔 할까요?

Wir lernen!

- **jn. zum Abendessen einladen**
  (누구)를 저녁식사에 초대하다
- **jn. besuchen** (누구)를 방문하다
- **zu Mittag (Abend) essen** 점심(저녁)을 먹다
- **trinken** 마시다
- **eine Tasse Kaffee** 커피 한 잔
- **gegen 12 Uhr** 12시 경에
- **bei + 사람** ~집에
- **pünktlich sein** 시간을 정확히 지키다

Dialoge

🔊 5-01.mp3

A **Ich möchte Sie zum Abendessen einladen.**
당신을 저녁식사에 초대하고 싶어요.

B **Vielen Dank! Sehr gern!**
대단히 감사합니다. 기꺼이 응하죠!

A **Darf ich Sie zu einer Tasse Kaffee einladen?**
커피 한 잔 대접해도 될까요?

B **Es tut mir leid. Heute geht es leider nicht.**
미안합니다. 오늘은 유감스럽게도 안 됩니다.

A **Kannst du heute mit mir zu Mittag essen?**
오늘 나와 점심 같이 할 수 있겠니?

B **Ja, gern!**
그래, 좋아!

A **Kannst du gegen 12(zwölf) Uhr bei uns sein?**
12시 경에 우리집에 올 수 있겠니?

B **Ja, ich bin pünktlich bei dir.**
그래, 늦지 않을게.

Textverstehen!

▶ 초대할 때의 여러 가지 표현
Ich möchte Sie zur Party einladen. 당신을 파티에 초대하고 싶어요.
Ich möchte Sie zu meinem Geburtstag einladen. 당신을 제 생일에 초대하고 싶어요.
Darf ich Sie zum Essen einladen? 당신을 식사에 초대해도 될까요?
Darf ich Sie zum Mittagessen einladen? 당신을 점심식사에 초대해도 될까요?

02 | 만남을 약속할 때

Haben Sie morgen etwas vor?
내일 무슨 계획 있으세요?

 Grundausdrücke

▸ **Haben Sie morgen etwas vor?**

내일 무슨 계획 있으세요?

▸ **Wann haben Sie Zeit?**

언제 시간이 있으세요?

▸ **Wie wäre es am Mittwoch?**

수요일은 어떠세요?

▸ **Welche Zeit paßt Ihnen am besten?**

몇 시가 좋겠습니까?

▸ **Wo könnte ich Sie treffen?**

어디에서 만날 수 있을까요?

 Wir lernen!

- Wie wäre es …? …은 어떠세요?
- Welche Zeit …? 몇 시가 …?
- am besten 가장 잘
- oder 또는, 혹은
- am nächsten Mittwoch 다음 수요일에
- noch 아직

Dialoge

A Wann haben Sie Zeit?
언제 시간이 있으세요?

B Am Montag oder am Dienstag.
월요일이나 화요일에요.

A Wie wäre es am nächsten Mittwoch?
다음 수요일은 어떠세요?

B Ja, gut.
네, 좋습니다.

A Haben Sie heute abend etwas vor?
오늘 저녁에 무슨 계획 있으세요?

B Nein, ich habe noch nichts vor.
아니요, 아직은 아무 계획 없습니다.

A Wollen wir ins Kino gehen?
우리 영화 보러 갈까요?

B Ja, gern.
네, 좋아요.

Textverstehen!

▶ Wie wäre es am Mittwoch? 수요일은 어떠세요?
Wie wäre es am Freitagabend? 금요일 저녁은 어떠세요?
Wie wäre es am nächsten Montag? 다음 월요일은 어떠세요?

▶ Am Mittwoch geht es. 수요일은 됩니다.
Am Freitagabend geht es. 금요일 저녁은 됩니다.
Am Montag geht es leider nicht. 월요일은 유감스럽게도 안 됩니다.

03 | 손님을 맞이할 때

Herzlich willkommen!
잘 오셨습니다!

 **Grundausdrücke**

▸ **Herzlich willkommen!**

잘 오셨습니다!

▸ **Willkommen bei uns!**

저희 집에 오신 것을 환영합니다.

▸ **Bitte, kommen Sie herein!**

어서 들어오세요!

▸ **Wir freuen uns sehr, daß Sie gekommen sind.**

와 주셔서 매우 기쁩니다.

▸ **Bitte, machen Sie es sich bequem!**

편히 앉으세요!

Wir lernen!

- [Seien Sie] herzlich willkommen! 진심으로 환영합니다!
- herein 안으로
- es sich bequem machen 편한 자세를 취하다
- wie zu Hause 집에 있는 것처럼
- die Wohnung 주택
- et.^{4} mögen (무엇)을 좋아하다
- der Wein 포도주
- lieber (gern의 비교급) 보다 좋아하여

Dialoge

A Willkommen bei uns!
저희 집에 오신 것을 환영합니다.

B Ich danke Ihnen herzlich für die Einladung.
초대해 주셔서 진심으로 감사드립니다.

A Schön, daß Sie gekommen sind!
잘 오셨습니다!

B Danke! Das ist ein kleines Geschenk für Sie.
감사합니다. 이건 당신에게 드릴 작은 선물입니다.

A Fühlen Sie sich bitte wie zu Hause!
내 집처럼 편안하게 계세요.

B Danke! Eine schöne Wohnung!
감사합니다. 집이 아름답군요.

A Mögen Sie Wein oder lieber Bier?
포도주를 좋아하세요, 맥주를 좋아하세요?

B Ich trinke sehr gern Wein.
저는 포도주를 매우 좋아합니다.

Textverstehen!

▶ 환영 인사의 여러 가지 표현
Willkommen! 환영합니다!
Herzlich willkommen! 진심으로 환영합니다!
Willkommen bei uns! 저희 집에 오신 것을 환영합니다!
Willkommen in Seoul! 서울에 오신 것을 환영합니다!

04 | 음식을 권할 때

Darf ich Ihnen noch etwas anbieten?

뭘 더 드시지 않겠습니까?

 Grundausdrücke

▸ **Darf ich Ihnen noch etwas anbieten?**

뭘 더 드시지 않겠습니까?

▸ **Was darf ich Ihnen zu trinken anbieten?**

마실 것은 뭘 드리면 될까요?

▸ **Wie wäre es mit Rotwein?**

적포도주는 어떠세요?

▸ **Was haben Sie zum Nachtisch?**

디저트로 뭘 드시겠습니까?

▸ **Guten Appetit!**

많이 드세요!

Wir lernen!

- jm. et.⁴ anbieten (누구)에게 (무엇)을 제공하다
- der Rotwein 적포도주
- zum Nachtisch 디저트로
- der Appetit 식욕
- mehr (viel의 비교급) 더 많이
- der Braten 구운 고기
- schmecken (~한) 맛이 나다; 맛있다
- alles 모든 것
- sehr 대단히, 매우

Dialoge

A Darf ich Ihnen noch etwas Braten anbieten?
구운 고기를 좀 더 드릴까요?

B Ja, danke. Er schmeckt gut.
네, 불고기 맛이 좋군요.

A Wie wäre es mit Rotwein?
적포도주는 어떠세요?

B Sehr gern. Ich trinke gern Wein.
좋습니다. 저는 포도주를 좋아합니다.

A Darf ich Ihnen noch etwas anbieten?
뭘 더 드시지 않겠습니까?

B Nein, danke. Ich könnte nichts mehr essen.
괜찮습니다. 더 먹지 못하겠습니다.

A Es schmeckt alles ausgezeichnet.
모든 것이 다 아주 맛있습니다.

B Wirklich? Das freut mich sehr.
정말이세요? 칭찬해 주셔서 기쁘군요.

Textverstehen!

▶ 「많이 드십시오!」의 여러 가지 표현
Guten Appetit! / Mahlzeit! / Bitte, greifen Sie zu!

▶ Es schmeckt alles ausgezeichnet. 모든 것이 다 아주 맛있어요.
Es hat alles ausgezeichnet geschmeckt. 모든 것이 다 아주 맛있었어요.

05 | 건배할 때

Prosit!
건배!

 Grundausdrücke

▶ **Prosit!**

건배!

▶ **Zum Wohl!**

건강을 위하여!

▶ **Auf Ihr Wohl!**

당신의 건강을 위하여!

▶ **Auf unsere Freundschaft!**

우리의 우정을 위하여!

▶ **Auf unsere Liebe!**

우리의 사랑을 위하여!

Wir lernen!

- das Wohl (=die Gesundheit) 건강
- die Freundschaft 우정
- die Liebe 사랑
- zusammen 함께

Dialoge

A Prosit!
건배!

B Prost!
건배!

A Trinken wir zusammen!
함께 마십시다!

B Zum Wohl!
건강을 위하여!

A Auf Ihr Wohl!
당신의 건강을 위하여!

B Auf unsere Gesundheit!
우리의 건강을 위하여!

A Auf unsere Freundschaft!
우리의 우정을 위하여!

B Viel Erfolg!
성공을 빕니다.

Textverstehen!

▶ 「건배!」의 여러 가지 표현

Prosit! / Prost!
Aufs Wohl! / Zum Wohl!
Auf Ihr Wohl! / Auf Ihre Gesundheit!

06 | 돌아갈 시간이 되었을 때

Ich muß nun gehen.
이제 가야겠습니다.

 **Grundausdrücke**

▶ **Ich muß nun gehen.**

이제 가야겠습니다.

▶ **Es war ein sehr schöner Abend.**

매우 즐거운 밤이었습니다.

▶ **Es war sehr schön bei Ihnen.**

매우 즐거웠습니다.

▶ **Vielen Dank für den schönen Abend!**

즐거운 밤을 보내게 되어서 대단히 감사합니다.

▶ **Herzlichen Dank für diesen schönen Abend!**

이렇게 즐거운 밤을 보내게 되어서 진심으로 감사드립니다.

Wir lernen!

- **müssen**(…해야 한다)의 현재 변화
  ich muß, du mußt, er muß
- **nun** 지금
- **gehen** 가다
- **der Abend** 저녁, (한 밤 이전의) 밤
- **ziemlich** 상당히
- **spät** 늦은 (↔ früh)

Dialoge

A Hat Ihnen das Essen geschmeckt?
음식은 맛있었는지요?

B Danke! Es hat alles ausgezeichnet geschmeckt.
감사합니다! 모든 것이 다 아주 맛있었습니다.

A Es ist schon ziemlich spät. Ich muß nun gehen.
이미 많이 늦었군요. 이제 가야겠습니다.

B Müssen Sie denn schon nach Hause?
벌써 집에 가셔야 되나요?

A Es war sehr schön bei Ihnen. Vielen Dank für die Einladung!
매우 즐거웠습니다. 초대해 주셔서 대단히 감사합니다.

B Nichts zu danken!
감사하긴요!

A Hoffentlich kommen Sie mal wieder!
한번 다시 오시기를 바랍니다.

B Herzlichen Dank für den schönen Abend! Gute Nacht!
즐거운 밤을 보내게 되어서 진심으로 감사드립니다. 안녕히 계십시오!

Textverstehen!

▶ 돌아갈 시간이 되었을 때 말하는 여러 가지 표현
Ich muß nun gehen. 이제 가야겠습니다.
Leider muß ich jetzt gehen. 유감스럽게도 이제 가야겠습니다.
Es war ein sehr schöner Abend. 매우 즐거운 밤이었습니다.
Es war sehr schön bei Ihnen. 매우 즐거웠습니다.

07 | 레스토랑에서 좌석을 찾을 때

Haben Sie zwei Plätze frei?
좌석 둘 있습니까?

 **Grundausdrücke**

▸ **Herr Ober, haben Sie zwei Plätze frei?**

웨이터, 좌석 둘 있습니까?

▸ **Herr Ober, einen Tisch für vier Personen bitte!**

웨이터, 4인 테이블 부탁합니다.

▸ **Haben Sie einen Tisch am Fenster?**

창가에 자리 있습니까?

▸ **Entschuldigung, ist dieser Tisch frei?**

실례지만, 이 테이블 비어 있습니까?

▸ **Ich habe Plätze für uns reservieren lassen.**

좌석을 예약했습니다.

Wir lernen!

- der Piatz [-es, ⸚e] 장소; 좌석
- frei 비어 있는 (↔ besetzt)
- der Ober 종업원, 웨이터
- der Tisch 식탁; 책상
- am Fenster 창가에
- die Person [-, -en] 사람
- et.[4] reservieren lassen (무엇)을 예약시키다
- eine Reservierung haben 예약을 하다
- reserviert sein 예약이 되었다
- in der Ecke 구석에

Dialoge

A Haben Sie eine Reservierung?
예약하셨습니까?

B Nein, ich habe einen Tisch nicht reservieren lassen.
아니요, 예약하지 않았습니다.

A Haben Sie einen Tisch für zwei Personen?
두 사람이 앉을 자리 있습니까?

B Dort am Fenster ist ein Tisch frei.
저기 창가에 테이블이 하나 비어 있습니다.

A Haben Sie einen Tisch am Fenster?
창가에 자리가 있습니까?

B Tut mir leid, der Tisch am Fenster ist reserviert.
죄송합니다, 창가 자리는 이미 예약이 되었습니다.

A Können wir einen Tisch in der Ecke haben?
구석에 자리가 있습니까?

B Ja, dort in der Ecke ist noch ein Tisch frei.
네, 저기 구석에 아직 테이블이 하나 비어 있습니다.

Textverstehen!

▶ 좌석을 물을 때의 여러 가지 표현

Haben Sie einen Tisch für zwei Personen? 2인용 테이블 있습니까?
Haben Sie einen Tisch für vier Personen? 4인용 테이블 있습니까?
Haben Sie zwei Plätze frei? 좌석 둘 있습니까?
Haben Sie drei Plätze frei? 좌석 셋 있습니까?
Ist dieser Tisch frei? 이 테이블 비어 있습니까?
Ist dieser Tisch reserviert? 이 테이블은 예약석입니까?

08 | 레스토랑에서 음식을 주문할 때

Die Speisekarte, bitte!
메뉴판 좀 주세요.

 **Grundausdrücke**

▸ **Herr Ober, die Speisekarte, bitte!**

웨이터, 메뉴판 좀 주세요.

▸ **Was wünschen Sie, bitte?**

뭘 드시겠습니까?

▸ **Was wünschen Sie zu trinken?**

음료는 뭘로 하시겠습니까?

▸ **Was ist die Spezialität des Hauses?**

이 집의 특별 요리는 무엇입니까?

▸ **Wir möchten gern Abendessen auf deutsche Art haben.**

저녁식사를 정식으로 하겠습니다.

✎ Wir lernen!

- die Speisekarte 메뉴판
- die Spezialität 특색, 전문
- auf deutsche Art 독일식으로
- der Herr 신사; 주인; ~씨
- empfehlen 추천하다
- Halb (Leicht/Gut) durchgebraten!
  중간 정도(약간/잘) 익혀주세요!

Dialoge

A Herr Ober, die Speisekarte, bitte!
웨이터, 메뉴판 좀 주세요.

B Ja, mein Herr!
네, 손님!

A Was empfehlen Sie?
뭘 추천하시겠습니까?

B Wie wäre es mit Beefsteak? Das ist unsere Spezialität.
비프스테이크가 어떻겠습니까? 저희 집 특별 메뉴입니다.

A Wie möchten Sie Ihr Steak?
스테이크를 어떻게 해 드릴까요?

B Halb durchgebraten!
중간 정도 익혀 주세요.

A Was trinken Sie?
음료는 뭘로 하시겠습니까?

B Ein Bier, bitte.
맥주 한 잔 주세요.

Textverstehen!

▶ 「뭘 드시겠습니까?」의 여러 가지 표현
Was wünschen Sie, bitte?
Was möchten Sie?
Sie wünschen bitte?

▶ 주문할 때의 여러 가지 표현
Ein Bier, bitte! / Ein Glas Bier, bitte! 맥주 한 잔 주세요.
Einen Obstsalat, bitte! 과일 샐러드 주세요.
Ich möchte Orangensaft. 오렌지 주스 주세요.

09 | 계산할 때

Die Rechnung, bitte!
계산서 주세요.

 **Grundausdrücke**

▸ **Herr Ober, die Rechnung, bitte!**

웨이터, 계산서 주세요.

▸ **Fräulein, Bitte zahlen!**

아가씨, 계산해 주세요.

▸ **Was macht alles zusammen?**

모두 합해서 얼마입니까?

▸ **Bitte, einzeln!**

각자 계산해 주세요.

▸ **Behalten Sie den Rest!**

나머지는 가지세요.

Wir lernen!

- **die Rechnung** 계산; 계산서
- **das Fräulein** (미혼)여자, 처녀; ~양
- **zahlen** 지불하다, 값을 치르다
- **Was (=Wieviel) macht alles?** 전부 얼마입니까?
- **einzeln = getrennt** 따로, 개별적으로
- **behalten** 소지하다
- **der Rest** 나머지

Dialoge

A Herr Ober, die Rechnung, bitte!
웨이터, 계산서 주세요.

B Einen Augenblick, bitte! Hier ist die Rechnung.
잠깐만 기다리세요. 여기 있습니다.

A Was macht alles zusammen?
모두 합해서 얼마입니까?

B Das macht zusammen 20 Euro.
합해서 20유로입니다.

A Zusammen oder getrennt?
함께 계산할까요, 따로 계산할까요?

B Alles zusammen!
함께 계산하세요.

A Der Rest ist für Sie.
나머지는 가지세요.

B Besten Dank! Auf Wiedersehen!
대단히 감사합니다. 안녕히 가십시오!

Textverstehen!

▶ 계산을 부탁할 때의 여러 가지 표현
Die Rechnung, bitte! 계산서 주세요.
Bitte zahlen! / Zahlen, bitte! 계산해 주세요.
Ich möchte zahlen. 계산하겠습니다.
Bitte, einzeln! 각자 계산해 주세요.
Wir zahlen getrennt. 각자 계산합니다.
Alles zusammen, bitte! 함께 계산해 주세요.

독일의 역사적인 인물들

18세기 이후 독일에는 문학, 철학, 사상, 신학, 음악뿐만 아니라 자연과학의 여러 분야에서 명성을 떨친 역사적인 인물들이 많다. 20세기까지의 노벨상 수상자 수를 보면 영어권 357명, 독일어권 101명, 프랑스어권 56명, 스페인어권 18명, 러시아어권 17명 순이다.

우선 독일문학을 살펴보면, 세계적인 대문호 괴테를 비롯하여 희곡 '빌헤름 텔'로 유명한 쉴러, 1884년 쉴러 상을 받고 1910년 독일 작가로서는 최초로 노벨문학상을 수상한 파울 하이제(1830~1914), 그리고 20세기 독일을 대표하는 작가이며, '유리알 유희'라는 작품으로 1946년 괴테상과 노벨문학상을 수상한 헤르만 헤세(1877~1962), 그의 작품 '수레바퀴 아래에서', '청춘은 아름다워', '데미안' 등은 우리나라에서도 많이 읽혀지고 있다. 또한 헤세와 마찬가지로 휴머니즘의 대작 '마의 산'으로 노벨문학상을 수상한 토마스 만(1855~1955)도 있다. 전후에는 하인리히 뵐(1917~85)이 '아담이여, 그대는 어디에 있었는가?' 등의 작품으로 노벨문학상을 수상하였고, 귄터 그라스(1927~)는 '양철북'으로 노벨문학상을 수상하였다. 그리고 2009년도에는 독일국적의 여류작가 헤르타 뮐러(루마니아 태생)가 '저지대' 등의 작품으로 노벨문학상을 수상하였다.

● 요한 볼프강 폰 괴테 (1749~1832)
Johann Wolfgang von Goethe

독일의 문호 괴테는 다재다능한 인물로, 시인(들장미)이며 극작가(파우스트), 소설가(젊은 베르테르의 고뇌), 과학자(색채 이론), 변호사, 정부 장관이었으며 또한 극장 감독직을 맡기도 했다.

희곡 '파우스트'는 괴테가 전 생애에 걸쳐 집필한 그의 대표작이자 독일문학을 대표하는 작품이다. 그가 25세 때인 1774년에 '파우스트'의 초고 '우어파우스트(Urfaust)'를 집필하였고, 1808년에 '파우스트 1부'를 발표하고, 83세의 나이로 세상을 떠나기 1년 전인 1831년에 '파우스트 2부'가 완성되었으니, 근 60년에 걸쳐 심혈을 기울인 대작이라 할 수 있다. '파우스트 제1부'의 앞 부분에 나오는 '천상의 서곡'에서 신(神)과 악마 메피스토펠레스의 대화가 이루어진다. 메피스토펠레스는 신의 총애를 받고 있는 파우스트를 유혹하여 지옥으로 데려갈 수 있다고 장담한다. 이에 대하여 신은 "인간은 노력하는 동안 방황하기 마련이다"라고 말하면서 파우스트는 어떠한 유혹이 있더라도 부단히 노력을 계속한다면 결국 구원을 받을 것이라고 하며 악마에게 그를 시험해 보도록 허락한다. 여기에서 우리는 전체적인 극의 윤곽을 추론(推論)해 볼 수 있다. 구약의 '욥기'를 연상케 하는 작품이다.

괴테는 '파우스트'를 집필하기 전부터 인간의 끊임없는 노력과 그리스도교적 구원신앙이 그의 영혼 깊은 곳에 있어서, 일생동안 고뇌하면서 마침내 '파우스트'를 완성했다.

그의 첫 소설 '젊은 베르테르의 고뇌'는 괴테 자신이 절망적인 실연(失戀)의 체험을 겪고 쓴 소설로, 그가 25세 되던 해인 1774년에 발표되었다. 괴테는 1771년 변호사가 되어 고향에서 개업을 하고, 1772년 제국고등법원의 법관시보로 '베츠라'라는 소도시에 머물게 된다. 어느 날 그곳의 한 무도회에서 아름다운 '샬롯테'를 만난 후 그는 더 없이 행복감에 젖지만, 그녀에게는 이미 약혼자가 있었다. 그녀와의 이룰 수 없는 슬픈 사랑이 이 소설의 소재가 되었다.

나폴레옹은 전쟁 중에 이 소설을 7번이나 읽었다고 전해지며, 롯데 그룹 신격호 총괄회장은 학창시절(일본 와세다대학 졸업) 이 소설을 읽고 샬롯테(Charlotte)에서 '롯데'라는 사명(社名)을 지었다고 한다.

● **마르틴 루터 (1483~1546)**
Martin Luther

독일 역사에서 빼놓을 수 없는, 세계사를 바꾸어 놓은 중요한 인물, 그는 사제이자 신학자, 교수(비텐베르크 대학에서 '시편'과 '로마서'를 강의하였다)였던 마르틴 루터 신부다. 루터 신부는 로마의 성(聖) 베드로 대성당을 새로 짓는 비용을 충당한다는 명목으로 교황청에 의해 발행되어 판매되던 '면죄부'를 신랄히 비판한 '95개 논제'

란 것을 1517년 10월 31일 비텐베르크 성교회 정문에 붙였는데, 이 글은 곧 엄청난 파문을 일으켜 약 5년간 논쟁이 계속되다가 종교개혁으로 비화되었다. 끝내 독일은 신·구교로 양분되었으며, 이러한 종교의 분열은 그 후 100년 뒤인 1618년에 종교 간의 갈등으로 30년 간의 종교전쟁(1618~48)을 불러일으키게 되었다. 면죄부 사건은 누구든지 이 '면죄부'를 구입하면 어떤 죄도 사함을 받고 구원을 받을 수 있다는 것이었다. 그러나 이에 동의할 수 없었던 루터 신부는 잘못된 교리를 바로 잡기 위해 토론을 제안하고 "인간은 오직 믿음으로만 구원받을 수 있다"는 의견을 제시한 것이다.

결국 루터 신부는 교황청으로부터 파문을 당한 후 생명의 위협을 느껴 아이제나흐 바르트부르크 성(城)으로 피신하게 된다. 그는 이곳에 은거하면서 라틴어로 기록된 성서를 독일어로 번역하는데, 그 시기에 요한 구텐베르크(1394/99~1468)의 인쇄술 발명으로 루터 신부가 번역한 성서가 세계에 널리 전파되게 되었다.

루터가 번역한 신구약 성경전서. 1720년판.

독일어권의 음악

Johann Sebastian Bach

Georg Friedrich Händel

Wolfgang Amadeus Mozart

독일과 오스트리아 등 독일어권 나라에는 위대한 음악가들이 많다. 종교음악(교회음악)의 아버지로 불리우는 바흐를 비롯하여, 주 하나님을 높이 찬양하는 '메시아'로 우리에게 친숙한 궁정 음악가 헨델, 100곡이 넘는 교향곡을 작곡한 하이든, 그리고 오페라 '마적', '피가로의 결혼', '돈 조반니'등 600곡 이상의 명곡을 남기고 35세의 젊은 나이에 생을 마감한 천재 음악가 볼프강 아마데우스 모차르트(1756~91), 9개의 교향곡을 비롯하여 음악사상 불멸의 금자탑을 세운 악성(樂聖) 루트비히 판 베토벤(1770~1827), 그는 불행히도 30세에 귓병을 앓기 시작하여 49세에 완전히 청각을 잃었다. 그럼에도 불구하고 생애를 마친 56세 때까지 작곡 활동을 계속하여 음악사에 길이 남을 교향곡을 완성하였다. 또한 '보리수', '겨울 나그네', '아름다운 물방앗간 처녀', '백조의 노래' 등 630여 곡의 아름다운 가곡을 남긴 가곡의 왕 프란츠 슈베르트(1797~1828), 그는 31세의 짧은 생(生)을 살다 세상을 떠난 비운의 작곡가였다. 그 외에 주옥같은 곡을 많이 남긴

Ludwig van Beethoven

Franz Schubert

베버, 멘델스존, 슈만, 바그너, 브람스, 말러, 그리고 아름다운 왈츠 곡으로 유명한 동명의 슈트라우스 부자 등 독일어권의 음악은 오늘날에도 변함없이 세계인들의 사랑을 받고 있다.

제 6 부
의사 표명

Sechster Teil | **die Willensäußerung**

01 | 찬성하거나 동의할 때

Das stimmt!
맞아요!

 Grundausdrücke

▶ **Das stimmt!**

맞아요!

▶ **Sie haben recht.**

당신 말이 옳아요.

▶ **Ich bin ganz Ihrer Meinung.**

나는 전적으로 당신 의견과 같아요.

▶ **Ganz bestimmt!**

틀림없어요!

▶ **Einverstanden!**

동의합니다.

📝 Wir lernen!

- stimmen 맞다, 옳다
- recht haben (말·행동 따위가) 옳다
- Ihrer Meinung² sein 당신 의견과 같다
- bestimmt = gewiß = sicher 확실한
- [Ich bin damit] einverstanden.
  [나는 그것에] 동의합니다, 찬성합니다.
- Geburtstag haben 생일이다
- meinen 생각하다
- dafür sein 그것에 찬성이다
- dagegen sein 그것에 반대다
- nichts dagegen haben
  그것에 반대하지 않다

| Dialoge |

A Stimmt es, daß Sie morgen Geburtstag haben?
내일 당신 생일 맞아요?

B Ja, das stimmt!
네, 맞아요!

A Ich meine, daß er recht hat.
나는 그가 옳다고 생각합니다.

B Ich bin Ihrer Meinung.
저도 당신 생각과 같아요.

A Schönes Wetter heute, nicht wahr?
오늘 날씨 좋지요, 그렇지요?

B Ja, wirklich.
정말 그러네요.

A Sind Sie dafür oder dagegen?
그것에 찬성입니까, 반대입니까?

B Ich habe nichts dagegen.
나는 그것에 반대하지 않아요.

Textverstehen!

▶ 「맞아요! / 옳아요!」의 여러 가지 표현
Das stimmt! / Das ist richtig! / (Ganz) richtig!

▶ 「확실해요! / 틀림없어요!」의 여러 가지 표현
Gewiß! / Sicher! / Ganz bestimmt!

02 | 반대하거나 부정할 때

Ich bin dagegen.
나는 그것에 반대합니다.

 **Grundausdrücke**

▶ **Ich bin dagegen.**

나는 그것에 반대합니다.

▶ **Ich bin anderer Meinung.**

나의 생각은 다릅니다.

▶ **Das stimmt nicht.**

그렇지 않아요.

▶ **Keineswegs!**

절대로 그렇지 않아요!

▶ **Ich bin damit nicht einverstanden.**

나는 그것에 동의할 수 없어요.

Wir lernen!

- anderer Meinung² sein 의견이 다르다
- keineswegs 결코 …(하지) 않다
- mit et.³ einverstanden sein (무엇)에 동의하다
- hören 듣다
- jm. böse sein (누구)에게 화를 내다

Dialoge

A Sind Sie dafür oder dagegen?
당신은 그것에 찬성합니까, 반대합니까?

B Ich bin dagegen.
나는 반대합니다.

A Ich meine, daß er recht hat.
나는 그가 옳다고 생각합니다.

B Ich bin anderer Meinung als Sie.
저는 당신과 견해를 달리합니다.

A Stimmt das, was ich gehört habe?
내가 들은 것이 맞아요?

B Nein, das stimmt nicht.
아니요, 그렇지 않아요.

A Bist du mir böse?
내게 화났니?

B Keineswegs!
절대로 그렇지 않아.

Textverstehen!

- 「절대로(결코) 그렇지 않아요!」의 여러 가지 표현
  Keineswegs! / Keinesfalls! / Auf keinen Fall!

- Ich bin Ihrer Meinung. 나는 당신 생각과 같아요.
  Wir sind gleicher Meinung. 우리 생각은 같아요.

- Ich bin anderer Meinung als Sie. 나는 당신 생각과는 달라요.
  Wir sind verschiedener Meinung. 우리 생각은 달라요.

03 | 부탁할 때와 허락할 때

Darf ich eine Bitte aussprechen?
부탁 말씀 드려도 될까요?

 **Grundausdrücke**

▸ **Darf ich eine Bitte aussprechen?**

부탁 말씀 드려도 될까요?

▸ **Ich habe eine Bitte an Sie.**

당신에게 부탁이 있습니다.

▸ **Darf ich um Ihre Hilfe bitten?**

당신의 도움을 청해도 될까요?

▸ **Könnten Sie bitte das Fenster zumachen?**

창문 좀 닫아 주실 수 있습니까?

▸ **Könnten Sie mir bitte helfen?**

저를 좀 도와주실 수 있습니까?

Wir lernen!

- eine Bitte aussprechen 부탁하다
- eine Bitte an jn. haben (누구)에게 부탁이 있다
- um die Hilfe bitten 도움을 청하다
- Könnten Sie …?
  의견이나 요구를 정중하고 겸손하게 표현할 때 쓰인다.
- zumachen 닫다 (↔ aufmachen)
- jm. helfen (누구)를 돕다
- Natürlich! / Freilich! / Selbstverständlich! 물론이지요!

Dialoge

A Darf ich eine Bitte aussprechen?
부탁 말씀 드려도 될까요?

B Gern!
좋아요.

A Darf ich um Ihre Hilfe bitten?
당신의 도움을 청해도 될까요?

B Ja, bitte! Was kann ich für Sie tun?
네, 좋아요. 뭘 도와드릴까요?

A Könnten Sie bitte das Fenster zumachen?
창문 좀 닫아 주실 수 있습니까?

B Wie Sie wünschen.
원하시는 대로.

A Könnten Sie mir bitte helfen?
저를 좀 도와주실 수 있습니까?

B Oh ja, natürlich! Ich helfe Ihnen gern.
그럼요, 물론이죠! 기꺼이 도와드리지요.

Textverstehen!

▶ 「당신에게 부탁이 있습니다.」의 여러 가지 표현
  Ich habe eine Bitte an Sie.
  Ich hätte eine Bitte an Sie.
  Ich habe eine kleine Bitte an Sie.
  Ich habe eine große Bitte an Sie.

04 | 허락여부를 물을 때와 금지할 때

Darf ich eintreten?
들어가도 될까요?

 Grundausdrücke

▸ **Darf ich eintreten?**

들어가도 될까요?

▸ **Darf ich hier rauchen?**

여기서 담배 피워도 될까요?

▸ **Kann man hier parken?**

여기에 주차할 수 있습니까?

▸ **Hier darf man nicht rauchen.**

여기서 담배를 피워서는 안 됩니다.

▸ **Hier ist das Parken verboten.**

여기는 주차가 금지되어 있습니다.

Wir lernen!

- eintreten 들어가다
- hier 여기에
- rauchen 담배 피우다
- parken 주차하다
- verboten sein 금지되어 있다
- hereinkommen 들어오다
- bei jm. vorbeikommen (누구)의 집에 들르다
- jederzeit (=zu jeder Zeit) 언제든지

Dialoge

A Darf ich eintreten?
들어가도 될까요?

B Bitte, kommen Sie herein!
어서 들어오세요!

A Darf ich hier parken?
여기에 주차해도 될까요?

B Nein, hier ist das Parken verboten.
아니요, 여기는 주차가 금지되어 있습니다.

A Darf ich hier rauchen?
여기서 담배 피워도 될까요?

B Nein, Sie dürfen hier nicht rauchen.
아니요, 여기서 담배를 피워서는 안 됩니다.

A Darf ich einmal bei Ihnen vorbeikommen?
한번 집에 들려도 될까요?

B Ja, natürlich. Sie sind jederzeit willkommen.
그럼요, 언제라도 환영합니다.

Textverstehen!

▶ 허락 여부를 물을 때의 여러 가지 표현
Darf ich eintreten? 들어가도 될까요?
Darf ich hier rauchen? 여기서 담배 피워도 될까요?
Darf ich hier parken? 여기에 주차해도 될까요?
Darf ich mich hier setzen? 여기에 앉아도 될까요?
Darf ich das Fenster öffnen? 창문을 열어도 될까요?

05 | 제안하거나 권유할 때

Wollen wir zum Essen gehen!
식사하러 갑시다!

 Grundausdrücke

▸ **Wollen wir zum Essen gehen!**

식사하러 갑시다!

▸ **Lassen Sie uns noch ein Glas Bier trinken!**

맥주 한 잔 더 합시다!

▸ **Soll ich das Fenster zumachen?**

창문을 닫을까요?

▸ **Am besten nehmen Sie die U-Bahn.**

지하철 타는 것이 가장 좋습니다.

▸ **Bitte, nehmen Sie Platz!**

앉으십시오!

Wir lernen!

- Wollen wir … ! …합시다!
- Wir wollen … ! …합시다!
- zum Essen gehen 식사하러 가다
- Laß uns … ! …하자! (du에 대해서)
- Laßt uns … ! …하자! (ihr에 대해서)
- Lassen Sie uns …! …합시다!

- die U-Bahn nehmen 지하철을 타다
- Platz nehmen (=sich⁴ setzen) 앉다
- mitkommen 함께 오다, 같이 가다
- warum 왜
- Es ist mir kalt. (=Mir ist kalt.) 나는 춥다
- ein bißchen(=ein wenig) 약간, 조금

Dialoge

🔊 6-05.mp3

A Ich will ins Kino gehen. Kommst du mit?
나는 영화관에 가려고 해. 같이 가겠니?

B Natürlich, warum nicht?
물론이지, 왜 안 가겠어?

A Soll ich das Fenster zumachen?
창문을 닫을까요?

B Ja, bitte. Es ist mir ein bißchen kalt.
네, 그렇게 해 주세요. 나는 약간 추워요.

A Bitte, nehmen Sie hier Platz.
여기 앉으세요.

B Danke schön!
대단히 감사합니다.

A Wie komme ich am besten zum Bahnhof?
역으로 가려면 어떻게 가야 제일 좋습니까?

B Am besten nehmen Sie die U-Bahn.
지하철을 타는 것이 가장 좋습니다.

Textverstehen!

▶ 「식사하러 갑시다!」의 여러 가지 표현
  Wollen wir zum Essen gehen!
  Wir wollen zum Essen gehen!
  Gehen wir zum Essen!
  Lassen Sie uns zum Essen gehen!

▶ 「앉으십시오!」의 표현
  Bitte, nehmen Sie Platz!
  Bitte, setzen Sie sich!

06 | 관심을 나타낼 때

Ich interessiere mich sehr für Sport.
나는 스포츠에 관심이 많아요.

 Grundausdrücke

▶ **Ich interessiere mich sehr für Sport.**

나는 스포츠에 관심이 많아요.

▶ **Haben Sie Interesse für Sport?**

스포츠에 관심이 있으세요?

▶ **Dafür habe ich kein Interesse.**

그것에는 관심이 없어요.

▶ **Ich bin ein großer Musikfreund.**

나는 음악 애호가입니다.

▶ **Gefällt Ihnen dieses Kleid?**

이 옷이 마음에 드세요?

Wir lernen!

- sich⁴ für et.⁴ interessieren (무엇)에 흥미·관심을 가지다
- Interesse an et.³ (für et.⁴) haben (무엇)에 흥미·관심을 가지다
- das Kleid 옷
- wofür 무엇에 대하여
- zur Zeit 지금, 현재
- das Fischen 낚시

Dialoge

A Wofür interessieren Sie sich zur Zeit?
현재 무엇에 관심이 있으세요?

B Ich interessiere mich sehr für Computer.
나는 컴퓨터에 관심이 많아요.

A Haben Sie Interesse am Fischen?
낚시에 관심이 있으세요?

B Nein, ich habe gar kein Interesse dafür.
아니요, 낚시엔 전혀 관심이 없어요.

A Interessieren Sie sich für Musik?
음악에 관심이 있으세요?

B Ja, ich bin ein großer Musikfreund.
네, 저는 음악 애호가입니다.

A Gefällt Ihnen dieses Kleid?
이 옷이 마음에 드세요?

B Ja, es gefällt mir gut.
네, 마음에 쏙 들어요.

Textverstehen!

▶ 관심을 나타내는 여러 가지 표현
Ich interessiere mich für Sport. 나는 스포츠에 관심이 있어요.
Ich interessiere mich für Musik. 나는 음악에 관심이 있어요.
Dafür habe ich kein Interesse. 그것에는 관심이 없어요.
Dafür habe ich wenig Interesse. 그것에는 별로 관심이 없어요.

07 | 이해 여부를 확인할 때

Verstehen Sie mich?
제 말이 이해되세요?

 Grundausdrücke

▸ **Verstehen Sie mich?**

제 말이 이해되세요?

▸ **Können Sie mich verstehen?**

제 말을 이해할 수 있으세요?

▸ **Haben Sie mich verstanden?**

제 말이 이해되셨어요?

▸ **Verstehen Sie mich nicht?**

제 말이 이해되지 않으세요?

▸ **Ich verstehe Sie nicht gut.**

이해가 잘 안 됩니다.

 Wir lernen!

- **jn. verstehen** (누구)의 말을 알아듣다
- **verstehen** 이해하다
  verstehen – verstand – verstanden

- **Deutsch verstehen**
  독일어를 할 수 있다

| **Dialoge** |

🔊 6-07.mp3

A **Verstehen Sie Deutsch?**
독일어를 할 수 있으세요?

B **Ja, ich verstehe.**
네, 할 수 있어요.

A **Verstehen Sie mich?**
제 말이 이해되세요?

B **Ja, ich verstehe Sie gut.**
네, 이해가 잘 됩니다.

A **Können Sie mich verstehen?**
제 말을 이해할 수 있으세요?

B **Nein, ich kann Sie nicht gut verstehen.**
아니요, 잘 알아들을 수가 없어요.

A **Haben Sie mich verstanden?**
제 말이 이해되셨어요?

B **Nein, ich habe Sie nicht ganz verstanden.**
아니요. 완전히 이해가 되진 않았어요.

Textverstehen!

▶ 이해 여부를 묻거나 대답할 때의 여러 가지 표현
Verstehen Sie mich? 제 말이 이해되세요?
Können Sie mich verstehen? 제 말을 이해할 수 있으세요?
Haben Sie mich verstanden? 제 말을 이해하셨어요?
Ich verstehe. 이해가 되요.
Ich verstehe Sie nicht. 알아듣지 못하겠어요.
Ich kann Sie nicht verstehen. 알아들을 수가 없어요.

08 | 잘 알아듣지 못했을 때

Wie bitte?
뭐라고요?

 **Grundausdrücke**

▸ **Wie bitte?**

뭐라고요?

▸ **Entschuldigung, was haben Sie gesagt?**

죄송하지만, 뭐라고 하셨죠?

▸ **Könnten Sie es bitte noch einmal sagen?**

한 번 더 말씀해 주실 수 있으세요?

▸ **Ich habe Sie nicht ganz verstanden.**

당신 말을 완전히 알아듣지 못했어요.

▸ **Bitte, sprechen Sie noch langsamer!**

좀 더 천천히 말씀해 주세요.

 **Wir lernen!**

- **sagen** 말하다
- **noch einmal** 한 번 더
- **sprechen** 말하다, 이야기하다
- **noch langsamer** 좀 더 천천히

| **Dialoge** |

🎧 6-08.mp3

A **Wie bitte? Könnten Sie es bitte noch einmal sagen?**
뭐라고요? 한 번 더 말씀해 주실 수 있으세요?

B **Wieviel Uhr ist es jetzt?**
지금 몇 시예요?

A **Entschuldigung, was haben Sie gesagt?**
죄송하지만, 뭐라고 하셨죠?

B **Wie kommt man zum Bahnhof?**
역으로 어떻게 가지요?

A **Verstehen Sie?**
이해되세요?

B **Bitte, sprechen Sie noch langsamer!**
좀 더 천천히 말씀해 주세요.

A **Verstehen Sie mich?**
제 말이 이해되세요?

B **Nein, ich verstehe Sie nicht gut.**
아니요, 이해가 잘 안 됩니다.

Textverstehen!

▶ 상대방의 말을 잘 알아듣지 못했을 때 말하는 여러 가지 표현
Wie bitte? 뭐라고요?
Was haben Sie gesagt? 뭐라고 하셨죠?
Könnten Sie es bitte noch einmal sagen? 한 번 더 말씀해 주실 수 있으세요?
Könnten Sie bitte langsamer sprechen? 좀 더 천천히 말씀해 주실 수 있으세요?
Bitte, sprechen Sie noch langsamer! 좀 더 천천히 말씀해 주세요!
Bitte, sprechen Sie nicht so schnell! 말을 그렇게 빨리 하지 마세요!

09 | 상품을 비교할 때

Zeigen Sie mir bitte etwas anderes!

다른 것 좀 보여주세요.

 Grundausdrücke

▸ **Zeigen Sie mir bitte etwas anderes!**

다른 것 좀 보여주세요.

▸ **Welche Farbe wünschen Sie?**

어떤 색깔을 원하세요?

▸ **Wie gefällt Ihnen die blaue Bluse?**

이 푸른색 블라우스는 어떠세요?

▸ **Ich finde den Rock sehr schön, aber er ist zu teuer.**

이 스커트는 참 좋긴 하지만 너무 비싸군요.

▸ **Das steht Ihnen sehr gut und paßt genau.**

그것이 아주 잘 어울리고 꼭 맞아요.

Wir lernen!

- jm. et.⁴ zeigen
  (누구)에게 (무엇)을 보여주다, 가리키다
- etwas anderes 어떤 다른 것
- die Farbe 색깔
- die blaue Bluse 푸른색 블라우스
- der Rock (남성용) 상의; (여성용) 스커트
- teuer 비싼 (↔ billig)
- neu 새로운 (↔ alt)
- jm. gut stehen (누구)에게 잘 어울리다
- jm. gut (genau) passen
  (누구)에게 잘(꼭) 맞다

| Dialoge |

A Wie gefällt Ihnen diese Bluse?
이 블라우스는 어떠세요?

B Ich finde sie sehr schön, aber sie ist mir zu teuer.
참 좋긴 하지만 저에겐 너무 비싸네요.

A Könnten Sie mir bitte etwas anderes zeigen?
다른 것 좀 보여 주실 수 있으세요?

B Gern! Ich zeige Ihnen unsere neuen Blusen.
그러죠. 새로 나온 블라우스들을 보여 드리지요.

A Welche Farbe wünschen Sie?
어떤 색깔을 원하세요?

B Blau bitte!
푸른색으로요.

A Die blaue Bluse steht Ihnen sehr gut.
푸른색 블라우스가 아주 잘 어울리네요.

B Gut, ich nehme die Bluse.
좋아요, 이 블라우스로 하겠어요.

Textverstehen!

▶ 「어떤 색깔을 원하세요?」의 여러 가지 표현
Welche Farbe wünschen Sie? – Blau bitte! 푸른색으로요.
Welche Farbe möchten Sie? – Grün bitte! 초록색으로요.
Was für eine Farbe möchten Sie? – Grau bitte! 회색으로요.

10 | 가격을 흥정할 때

Haben Sie etwas Billigeres?
좀 더 싼 것 있습니까?

 Grundausdrücke

▸ **Haben Sie etwas Billigeres?**

좀 더 싼 것 있습니까?

▸ **Haben Sie nichts Billigeres?**

좀 더 싼 것 없습니까?

▸ **Wieviel kostet das?**

이것은 얼마입니까?

▸ **Das ist mir zu teuer.**

너무 비싸군요.

▸ **Können Sie es nicht etwas billiger geben?**

이것을 좀 싸게 줄 수는 없나요?

 Wir lernen!

- etwas Billigeres 좀 더 싼 것
- billiger (billig의 비교급) 더 싸게
- feste Preise haben 정찰제이다
- doch (부정 의문문에 대한 긍정의 대답) 그렇지 않아요
- vielleicht 아마도, 혹시

Dialoge

A Das ist teuer. Haben Sie etwas Billigeres?
비싸군요. 좀 더 싼 것 있습니까?

B Tut mir leid. Wir haben keins.
죄송합니다. 저희 가게에는 없습니다.

A Können Sie das nicht etwas billiger geben?
이것을 좀 싸게 줄 수는 없나요?

B Tut mir leid. Wir haben feste Preise.
죄송합니다. 저희는 정찰제입니다.

A Diese blaue Bluse kostet 100 Euro.
이 푸른색 블라우스는 100유로입니다.

B Sehr schön, aber etwas teuer.
참 멋있네요, 하지만 좀 비싸네요.

A Haben Sie keine billigere Bluse?
좀 더 싼 블라우스는 없나요?

B Doch, vielleicht nehmen Sie diese graue Bluse?
있어요. 이 회색 블라우스는 어떠세요?

Textverstehen!

▶ 물건을 고를 때 쓰는 여러 가지 표현
Haben Sie etwas Billigeres? 좀 더 싼 것 있습니까?
Haben Sie etwas Besseres? 좀 더 좋은 것 있습니까?
Haben Sie etwas Größeres? 좀 더 큰 것 있습니까?
Haben Sie etwas Kleineres? 좀 더 작은 것 있습니까?

11 | 주의를 줄 때

Sei vorsichtig!
조심해!

 Grundausdrücke

▸ **Sei vorsichtig!**

조심해!

▸ **Seien Sie vorsichtig!**

조심하세요!

▸ **Vorsicht, Stufe!**

계단 주의!

▸ **Alle Achtung!**

모두 조심해!

▸ **Paß auf!**

주의해라!

 Wir lernen!

- sei는 sein동사의 du에 대한 명령형이고, seien Sie는 존칭에 대한 명령형이다.
- vorsichtig 조심스러운
- die Vorsicht = die Achtung 조심, 주의
- die Stufe 계단
- aufpassen 주의하다
- das Fahrrad fahren 자전거를 타다
- vorbeifahren (탈 것이) 지나가다
- sich^3 Sorgen machen 걱정하다
- auf et.^{4} achten (무엇)에 주의하다

Dialoge

A Darf ich das Fahrrad einmal fahren?
이 자전거 한번 타봐도 되겠니?

B Natürlich! Aber sei vorsichtig!
물론이지! 하지만 조심해!

A Seien Sie vorsichtig!
조심하세요!

B Keine Angst!
걱정마세요!

A Paß auf! Viele Autos fahren vorbei.
조심해! 차가 많이 다녀.

B Machen Sie sich keine Sorgen!
걱정 마세요!

A Achten Sie auf Ihre Gesundheit!
건강에 주의하세요!

B Danke, gleichfalls!
고마워요, 당신도 건강 조심하세요!

Textverstehen!

▶ 주의를 촉구하는 여러 가지 표현
  Sei vorsichtig! 조심해!
  Seien Sie vorsichtig! 조심하세요!
  Paß auf! 주의해라!
  Passen Sie auf! 주의하세요!
  Achtung! / Vorsicht! 주의! 조심!

아름다운 독일

● 독일의 지형

  독일은 높고 낮은 산들이 고원이나 구릉, 호수와 강 그리고 넓은 평야 사이에 조화를 이루며 자리 잡고 있다. 북부는 평원 지대, 중부는 산악 및 구릉 지대, 남부는 알프스 지대이다. 북쪽에는 북해와 독일에서 가장 큰 뤼겐(Rügen) 섬을 비롯하여 많은 섬들로 수놓아진 발트해(동해) 연안이 있고, 북부의 평원지대는 비옥한 토지와 함께 황무지와 늪지대 그리고 수많은 호수로 이어져 중부 고원지대 앞까지 뻗어있다.

  중부 산악지대는 높이 1142m의 하르츠(Harz) 산맥이 북서부로 폭넓게 펼쳐져 있고, 동쪽 아래에는 숲이 울창한 튀링어발트(Thüringerwald) 삼림지대가 있으며, 그 위쪽으로는 체코의 리젠 산맥에서 발원한 전체 길이 1154km의 엘베강(독일 영내의 길이는 765km)이 독일과 체코의 국경을 이루는 에르츠 산맥을 거쳐 드레스덴-데사우-막데부르크-함부르크를 지나 북해로 흐르고 있다. 상부 라인 강 양변에는 온화한 기후의 영향으로 독일에서 가장 넓은 포도밭이 줄지어 있다. 또한 중부지역에는 로타르 산맥과 피히텔 산맥, 베스터 발트와 오덴 발트 삼림지대가 넓게 펼쳐져 있다.

  프랑스와 스위스에 가까운 남서부에는 해발 1493m이며, 동서 20~60km, 남북 160km의 광대한 면적을 가진 도나우 강의 발원지 슈바르츠발트(Schwarzwald) 삼림지대가 있는데, 그곳에는 티티제(Titisee) 호수와 쉴타흐, 구타흐 같은 아름다운 마을들이 침엽수림으로 뒤덮인 자연 속에 자리 잡고 있어서 휴양지로 널리 알려져 있다.

  남동부에는 바이에른 숲지대와 프랑켄 고원지대가 있고, 바이에른 주에서 가장 큰 킴제(Cheimsee) 호수와 알프스 산 깊숙이 자리 잡고 있는 쾨니히스제 그리고 테게른제 같은 작은 호수들이 산재해 있어서 주변경관이 매우 아름답다.

  독일 최남단에는 알프스산맥에서 흘러내려와 형성된 독일 최대의 호수 보덴제(Bodensee)가 오스트리아와 스위스에 걸쳐 있고, 알프스산맥의 높은 봉우리들이 독일, 오스트리아, 스위스 국경지대에 길게 줄지어 있다. 독일과 오스트리아 국경지대에 있는 2963m 높이의 추크슈피체(Zugspitze)는 알프스산맥의 최고봉이다. 녹음이 우거진 언덕과 숲 그리고 호수와 고성이 어우러진 아름다운 독일의 풍경은 마치 한 폭의 그림 같다.

● 독일의 거리와 건축물

약 1200년 역사를 가진 독일은 루터의 종교개혁운동이 시작된 이후 오랜 기간 종교의 분열과 30년간의 전쟁을 겪으며 완전히 폐허가 되었다. 종교전쟁이 끝난 17세기 중엽에는 독일 신성로마제국에 무려 350개의 개별 나라들이 우후죽순처럼 생겨났다. 독일이 참혹한 전쟁의 폐허에서 일어서는 데는 꼬박 1세기가 걸렸다. 19세기 독일이 형성되기 이전의 수백 년 동안 절대권력을 가진 많은 군주들이 제각기 권력을 행사하여 경치가 빼어난 곳에 궁전과 성을 건축하였다. 이렇게 건축된 다양한 양식의 건축물들이 오늘날 역사적 가치가 있는 귀중한 문화유산이 되어 독일 여러곳에 옛모습으로 남아있다.

독일의 거리는 대부분 중세에 그 원형이 축조된 것이다. 거리의 중심은 마르크트 광장(Marktplatz)으로 그곳에서는 주말이면 과일이나 채소, 꽃 등을 사고파는 시장이 열린다. 주변에는 대개 시(市) 청사가 있고, 첨탑이 높이 솟은 교회나 성당이 자리 잡고 있다.

거리의 미관을 중시하는 독일에서는 건축에 엄격한 규제를 두고 있다. 건물의 높이와 색, 창문의 위치에 이르기까지 엄격히 규제하여 거리 전체의 미관에 조화를 이루도록 하고 있고, 특히 역사적인 건축물은 소중하게 보존하고 있다.

지역에 따라 주택에도 차이가 있다. 북부 지역에는 벽돌집이 많고, 중부 지역에는 대부분 목조 건물이며, 남부 지역에는 지붕 윗부분이 뾰족한 알프스식 건물이 많은데, 대개 4-5층 연립주택 형태이다. 집집마다 베란다나 창밖에 화분을 놓아 보는 사람들을 즐겁게 해준다.

● 독일 여행

독일은 북쪽에 위치하고 있지만, 대서양에서 불어오는 편서풍의 영향으로 기후는 온화하고 사계절이 분명하다. 겨울은 길고, 눈이 자주 내린다. 겨울철엔 일조시간이 짧아 아침 9시가 되어야 밝아지고 오후 4시경엔 벌써 어두워지기 시작한다. 반대로 여름엔 해가 매우 길어 밤 10시가 되어도 밝지만, 그런 기간은 짧다. 9월이 되면 비가 오는 날이 많아지고, 10월 중순이 지나면 해도 짧아져 다시 겨울철로 접어든다.

라인 강 유람선 여행

　전체 길이가 1320km 에 이르는 라인 강 중에서 마인츠(Mainz)에서 코블렌츠(Koblenz) 사이는 강변을 따라 이어진 작은 마을들과 20여 개의 고성과 요새 그리고 경사진 언덕에 가꾸어 놓은 포도밭 경치가 매우 아름답다. 이 구간은 특히 배를 타고 관람하는 라인 강 유람의 정통코스로도 유명한데, 라인 강 유람의 출발점인 마인츠에서 라인 강과 모젤 강의 합류점에 위치한 코블렌츠까지의 약 90km는 하이라이트다. 이 구간에는 라인 강의 진주라 불리는 작은 마을 뤼데스하임(Rüdesheim)이 있고, 하이네의 시(詩)에 질허가 곡을 붙인 독일가곡 '로렐라이'에 나오는 바위가 있다. 또한 뤼데스하임에는 제2 독일제국이 탄생한 해인 1871년의 독일 통일을 기념하여 1883년에 세워진 '게르마니아 여신상'이 라인 강을 내려다보고 있다. 어떤 이는 독일을 가리켜 "아름다운 라인 강의 흐름에 실려 음악, 문학, 철학, 과학이 꽃을 피운 게르만의 혼"이라고 말한다.

독일의 6개 가도(街道)

　역사적인 유적으로 가득한 독일의 여러 도시들은 저마다 특색을 지니고 있다. 로만틱 가도, 메르헨 가도, 고성 가도, 에리케 가도, 판타스틱 가도, 괴테 가도 등의 테마형 가도는 이러한 역사와 문화를 돌아보는 여행을 즐길 수 있도록 해준다.

　가장 잘 알려진 로만틱 가도는 길이가 약 350km에 이르며, 원래 알프스를 넘어 로마로 이어지는 길이었기에 로만틱 가도(die Romantische Strasse)라는 이름이 붙었다. 로만틱 가도는 프랑크푸르트에서 남동쪽으로 약 100km 떨어진 곳에 있는 뷔르츠부르크에서 시작하여 중세의 모습을 고스란히 간직한 고풍스러운 소도시들인 로텐부르크, 딩켈스빌, 뇌르트링엔, 아우크스부르크를 거쳐 알프스 산기슭에 위치한 퓌센까지 이어진다. 가장 인기 있는 곳은 퓌센 근교에 있는 노이슈반슈타인 성(Schloss Neuschwanstein)인데, 바이에른 지방의 알프스와 숲 그리고 호수에 둘러싸인 그림 같은 풍경 속에 우뚝 솟아 있다. 당시 바이에른 왕 루트비히 2세가 17년에 걸쳐 이 성을 완공하였는데, 정작 그 자신은 이 성에서 몇 개월 살지 못하고 인근의 슈타른베르크 호수에서 숨진 채 발견되었다. 월트 디즈니가 디즈니랜드를 지을 때 이 성을 모델로 삼았다고 한다.

제 7 부
전화

Siebter Teil | **das Telefon**

01 | 전화를 걸 때

Hallo, hier spricht Neumann.
여보세요, 저는 노이만이라고 합니다.

 Grundausdrücke

▸ **Hallo, hier spricht Neumann.**
여보세요, 저는 노이만이라고 합니다.

▸ **Ich möchte gern Herrn Müller sprechen.**
뮐러 씨와 통화하고 싶습니다.

▸ **Kann ich bitte Herrn Neumann sprechen?**
노이만 씨와 통화할 수 있을까요?

▸ **Ist Herr Meier da?**
마이어 씨 계십니까?

▸ **Wer ist bitte am Apparat?**
실례지만, 전화 받으시는 분은 누구세요?

Wir lernen!

- jn. sprechen (누구)와 통화하다
- ich spreche, du sprichst, er spricht
- am Apparat(=Telefon) sein 전화 받고 있다
- Einen Augenblick, bitte! 잠깐만 기다리세요!
- im Augenblick = im Moment 순간에, 지금
- zufällig(=vielleicht) 혹시
- zurückkommen 돌아오다
- nochmal(=noch einmal) 또 한 번
- jn. anrufen (누구)에게 전화를 걸다
- nachher = später 나중에

Dialoge

A Hallo, ich möchte gern Herrn Müller sprechen.
여보세요, 뮐러 씨와 통화하고 싶습니다.

B Einen Augenblick, bitte!
잠깐만 기다리세요.

A Hier spricht Kim. Kann ich bitte Herrn Neumann sprechen?
저는 김이라고 합니다. 노이만 씨와 통화할 수 있습니까?

B Herr Neumann ist leider im Augenblick nicht im Büro.
노이만 씨는 유감스럽게도 지금 사무실에 없습니다.

A Wissen Sie zufällig, wann er zurückkommt?
혹시 언제 돌아오시는지 아십니까?

B Er kommt gegen 4 Uhr zurück. Es ist aber nicht sicher.
4시 경에 돌아올 겁니다. 하지만 확실친 않아요.

A Könnten Sie vielleicht nochmal anrufen?
한 번 더 전화하실 수 있겠습니까?

B Ja gut. Ich rufe nachher wieder sn.
네 그러지요. 나중에 다시 전화하겠습니다.

Textverstehen!

▶ 「여보세요, 저는 노이만이라고 합니다.」의 여러 가지 표현
  Hallo, hier spricht Neumann.
  Hallo, hier ist Neumann.
  Hallo, hier Neumann.

▶ 전화에서 「누구세요?」의 여러 가지 표현
  Wer ist dort?
  Wer spricht da?
  Wer ist am Apparat(=Telefon)?

02 | 전화를 받을 때

Hier Neumann.
노이만입니다.

 **Grundausdrücke**

▶ **Hier Neumann.**
노이만입니다.

▶ **Wer spricht, bitte?**
실례지만, 누구세요?

▶ **Ich bin es selbst.**
접니다.

▶ **Einen Augenblick, bitte!**
잠깐만 기다리세요!

▶ **Bleiben Sie bitte am Apparat!**
끊지 말고 기다리세요!

 **Wir lernen!**

- Ich bin es selbst. / Selbst am Apparat.
  접니다.
- bleiben 머무르다
- der Apparat = das Telefon
  전화(기)

Dialoge

A Hier Neumann.
노이만입니다.

B Guten Tag, Herr Neumann! Hier ist Kim Min-uh.
안녕하세요, 노이만 씨. 김민우입니다.

A Ich möchte Sie morgen besuchen. Ist es Ihnen recht?
내일 당신을 방문하고 싶습니다. 괜찮겠습니까?

B Ja, es ist mir recht. Ich habe morgen nichts vor.
네, 괜찮습니다. 내일은 아무 계획이 없습니다.

A Ich möchte gern Fräulein Meier sprechen.
마이어 양과 통화하고 싶습니다.

B Wer spricht, bitte?
실례지만, 누구세요?

A Ist Frau Müller da?
뮐러 부인 계십니까?

B Ja, sie ist da. Einen Augenblick, bitte!
네, 계세요. 잠깐만 기다리세요!

Textverstehen!

- Ist Herr Meier da? 마이어 씨 계십니까?
  Ist Frau Meier da? 마이어 부인 계십니까?
  Ist Fräulein Meier da? 마이어 양 있습니까?

- Wer ist bitte am Apparat? 전화 받으시는 분은 누구세요?
  Bitte, bleiben Sie am Apparat! 끊지 말고 기다리세요!

03 | 전화번호를 물을 때

Wie ist Ihre Telefonnummer, bitte?

당신의 전화번호는 어떻게 됩니까?

 Grundausdrücke

▸ **Wie ist Ihre Telefonnummer, bitte?**

당신의 전화번호는 어떻게 됩니까?

▸ **Ihre Nummer, bitte!**

전화번호 좀 주세요!

▸ **Wissen Sie die Nummer von Herrn Neumann?**

노이만 씨의 전화번호를 아십니까?

▸ **Wie ist die Vorwahlnummer von Berlin?**

베를린의 지역번호는 어떻게 됩니까?

▸ **Welche Nummer haben Sie gewählt?**

몇 번에 거셨습니까?

Wir lernen!

- **die Nummer (=die Telefonnummer)** 전화번호
- **die Vorwahlnummer** (시외)전화국번
- **eine Nummer wählen** 전화를 걸다
- 전화번호 읽는 법 43 80 12
  vier-drei-acht-null-eins-zwei
  dreiundvierzig-achtzig-zwölf

- **wissen**(알다)의 현재 변화
  ich weiß, du weißt, er weiß
- **falsch** 틀린 (↔ richtig)

Dialoge

A Wie ist Ihre Telefonnummer, bitte?
당신의 전화번호는 어떻게 됩니까?

B Meine Nummer ist 23 45 67 (zwei drei vier fünf sechs sieben).
제 전화번호는 23 45 67입니다.

A Wissen Sie die Nummer von Herrn Neumann?
노이만 씨의 전화번호를 아십니까?

B Nein, ich weiß es nicht.
아니요, 모르는데요.

A Hallo, Ist es dort 4965 (neunundvierzig fünfundsechzig)?
여보세요, 거기 4965번입니까?

B Nein, Sie sind falsch verbunden!
아닙니다, 전화 잘못 거셨습니다.

A Wir haben neunundvierzig sechsundsechzig.
여기는 4966번입니다.

B Verzeihung! Vielleicht habe ich die Nummer falsch gewählt.
죄송합니다, 전화를 잘못 걸었나 봅니다.

Textverstehen!

▶ 전화번호를 물을 때의 여러 가지 표현

Wie ist Ihre Telefonnummer? 당신의 전화번호는 어떻게 됩니까?
Welche Nummer haben Sie? 당신의 전화번호는 몇 번입니까?
Welche Nummer hat Ihr Apparat? 당신의 전화번호는 몇 번입니까?
Wissen Sie die Nummer von Herrn Müller? 뮐러 씨의 전화번호 아세요?
Wissen Sie die Nummer von Fräulein Meier? 마이어 양의 전화번호 아세요?
Wissen Sie seine Nummer? 그의 전화번호 아세요?

04 | 전화를 잘못 걸었을 때

Sie haben eine falsche Nummer gewählt.
전화 잘못 거셨습니다.

 Grundausdrücke

▸ **Sie haben eine falsche Nummer gewählt.**

전화 잘못 거셨습니다.

▸ **Entschuldigung, ich bin falsch verbunden.**

죄송합니다. 전화 잘못 걸었습니다.

▸ **Vielleicht habe ich die Nummer falsch gewählt.**

전화 잘못 걸었나 봅니다.

▸ **Welche Nummer haben Sie denn gewählt?**

도대체 몇 번에 거셨습니까?

▸ **Sie sind falsch verbunden!**

전화 잘못 거셨습니다.

 **Wir lernen!**

- verbunden sein (전화가) 접속되어 있다
- verbinden 연결하다
  verbinden – verband – verbunden
- die deutsche Botschaft 독일 대사관
- mit jm. sprechen (누구)와 이야기하다

Dialoge

A **Sie haben eine falsche Telefonnummer gewählt.**
전화 잘못 거셨습니다.

B **Verzeihung!**
죄송합니다!

A **Hallo, ist dort die deutsche Botschaft?**
여보세요, 거기 독일 대사관입니까?

B **Nein, Sie sind falsch verbunden!**
아닙니다, 전화 잘못 거셨습니다.

A **Kann ich bitte mit Herrn Meier sprechen?**
마이어 씨와 통화할 수 있을까요?

B **Welche Nummer haben Sie gewählt?**
몇 번에 거셨습니까?

A **Entschuldigung, ich habe falsch gewählt.**
죄송합니다, 전화 잘못 걸었습니다.

B **Das macht nichts.**
괜찮습니다.

Textverstehen!

▶ 「전화 잘못 거셨습니다.」의 여러 가지 표현
  Sie haben eine falsche Telefonnummer gewählt.
  Sie haben die Nummer falsch gewählt.
  Sie sind falsch verbunden!
  Falsch verbunden!

05 | 부재중이거나 통화중일 때

Leider ist er nicht da.
유감스럽게도 그는 없습니다.

 Grundausdrücke

▶ **Leider ist er nicht da.**

유감스럽게도 그는 없습니다.

▶ **Tut mir leid, er ist im Moment nicht da.**

죄송합니다만, 그는 지금 없습니다.

▶ **Sie ist jetzt nicht zu Hause.**

그녀는 지금 집에 없습니다.

▶ **Er spricht gerade mit jemandem.**

그는 지금 통화중입니다.

▶ **Ich werde später noch einmal anrufen.**

나중에 한 번 더 전화하겠습니다.

 Wir lernen!

- **gerade** 바로, 막, 지금
- **mit jemandem sprechen** 누군가와 이야기하다
- **nochmals = nochmal** 또 한 번, 다시
- **jm. et.⁴ mitteilen** (누구)에게 (무엇)을 전하다

Dialoge

🔊 7-05.mp3

A Hier Kim Min-uh. Kann ich Herrn Neumann sprechen?
김민우라고 합니다. 노이만 씨와 통화할 수 있겠습니까?

B Leider ist er jetzt nicht da.
유감스럽게도 그는 지금 없습니다.

A Wann kommt er zurück?
그는 언제 돌아옵니까?

B Er kommt gegen 6 Uhr zurück.
6시 경에 돌아올 겁니다.

A Wollen Sie bitte nach 6 Uhr noch einmal anrufen?
6시 이후에 한 번 더 전화하시겠습니까?

B Danke schön! Später rufe ich ihn nochmals an.
대단히 감사합니다. 나중에 다시 전화하겠습니다.

A Bitte, teilen Sie ihm mit, daß ich angerufen habe!
제가 전화했다고 전해주세요!

B Sehr gern!
그러지요!

Textverstehen!

▶ 부재중임을 나타내는 여러 가지 표현
Leider ist er jetzt nicht da. 유감스럽게도 그는 지금 없습니다.
Leider ist er jetzt nicht zu Hause. 유감스럽게도 그는 지금 집에 없습니다.
Leider ist er im Moment nicht im Büro. 유감스럽게도 그는 지금 사무실에 없습니다.

독일의 교육제도 | Das Schulsystem in Deutschland

유치원에서 고등학교까지

독일의 교육제도는 미국이나 유럽의 여러 나라와는 아주 다르다. 독일 중앙 연방 정부에는 교육부가 없고, 각 주마다 독립적으로 교육부를 두고 있으며, 주 정부 하에서 교육에 관한 입법과 행정의 권한을 가지고 독자적으로 교육정책을 수립하며 개발하고 수행한다. 물론 학교제도 전체는 국가의 감독 하에 있다.

유치원은 독일에서 처음으로 실시한 제도로, 독일어 '킨더가르텐(Kindergarten)'은 유치원을 일컫는 용어로 다른 나라에서도 그대로 사용하고 있다. 유치원은 의무교육기관에 포함되지 않으며, 유치원 교육은 개인의 자유의사에 따라 받는데 공사립 모두 유상 교육이며, 오늘날 3세에서 6세까지 어린이들 중 약 80%가 유치원에 다닌다.

독일의 의무교육은 만 6세부터 18세까지 12년간 계속된다. 독일의 모든 어린이는 6세가 되면 초등학교 과정인 4년제 기초학교(Grundschule)에 입학해야 하며, 기초학교 4년간의 공통과정이 끝날 때 자신의 장래 진로를 결정해야 한다. 즉 대학 진학 코스인 인문계 중고등학교 과정인 9년제 김나지움(Gymnasium)에 진학할 것인지, 6년제 실업학교(Realschule)나 5년제 주요학교(Hauptschule)로 진학하여 사회진출을 할 것인지, 아니면 이들 세 학교를 혼합해 놓은 종합학교(Gesamtschule)에 진학할 것인지를 결정해야 한다. 불과 10세 정도의 어린 나이에 자신의 진로를 결정해야 하는 어려움 때문에 5~6학년 2년 동안 능력별 진로지도단계(Orientierungsstufe)를 두어 어린이들의 진로결정 지도기간으로 삼고 있으며, 많은 어린이들이 이 제도를 이용하고 있다. 상급학교 진학문제를 결정하는 데 가장 큰 역할을 하는 사람은 담임교사이다. 학부모들은 교사와 여러 차례 상담을 하지만 4년 동안 학생의 수학능력을 지켜본 교사의 의견을 따르는 것이 보통이다. 학교 성적에 따라 도중에 학교를 옮겨 다닐 수도 있다.

일반적으로 실업학교를 마치면 은행원이나 회사원 같은 사무직종을 위한 직업전문학교(Berufsfachschule)로, 주요학교를 마치면 수공업체나 산업체에서 필요로 하는 기능직을 교육시키는 직업학교(Berufsschule)로 진학한다. 직업교육은 학교에서의 이론교육과 산업체 등에서의 실습이 결합된 이원체제로 이루어지고 있다. 학문적인 교육과 현장 연수가 병행되는 독일의 직업교육제도는 세계적으로 높이 평가받고 있다. 직업교육을 통해 대학에 진학하지 않은 많은 학생들이 자신의 적성에 맞는 분야에서 자부심을 가지고 인생설계를 할 수 있도록 주정부와 산학 합동으로 최대한 배려하고 지원한다.

어린이가 6세에 기초학교에 입학하여 '김나지움'을 마치기까지는 최소한 13년이 소요된다. 대학에 진학하기 위해서는 반드시 9년간의 김나지움 과정을 마치고 고등학교 졸업시험이자 대학입학 자격시험이기도 한 '아비투어(Abitur)'에 합격해야 한다. 독일 대학은 입학시험이 없고, 아비투어에 합격하면 누구나 대학에 진학할 수 있다. 대학을 포함하여 모든 국공립학교에는 수업료가 없다. 재정은 주정부에서 부담한다.

독일의 대학 진학률은 OECD 평균보다 낮은 편인데 철저하게 능력이 중시되는 독일은 반드시 대학을 졸업하지 않더라도 기능인으로 그 분야에서 최고 전문가로 인정받고 존경받는 '마이스터(Meister)' 제도가 있다. 마이스터(장인)가 되려면 현장에서 10년 이상 경험을 쌓은 후 전문학교에서 직종에 따라 6개월-4년 과정을 이수해야 한다. 이러한 독일의 특수한 교육 시스템은 중소기업을 세계적인 기업으로 육성하는 원동력이 되어 독일 경제를 이끌어가고 있다.

대학교육

독일 고등교육제도의 중심은 종합대학(Universität)과 분야별로 특성화 되어 있는 단과대학(Hochschule)이다. 독일에는 330여개의 고등교육시설이 있고, 여기에 180만 명 이상의 대학생이 재학 중이며, 그중 약 8%가 외국인이다. 그동안 많은 신설대학들이 세워졌지만 신생연방주에서도 학생수가 점차 증가하여 이들 교육기관에 많은 부담이 되고 있다. 1960년대만 해도 해당 학생층의 10% 미만 학생들이 대학교육을 받았는데, 오늘날에는 3분의 1 이상의 학생들이 대학에 진학하고 있으며 해마다 급속도로 증가하고 있다.

독일 대학의 학위과정은 우리나라의 석사과정에 해당하는 마기스터(인문사회), 디플롬(자연과학), 국가고시(법관, 의사, 약사, 교사 등)의 세 과정으로 나뉘며, 이러한 과정을 수료한 뒤에는 독토르(Doktor), 즉 박사학위 과정(Promotion)을 이수할 수 있다.

학생들이 대학에 입학하여 마기스터나 디플롬 과정을 마치는 데는 평균 14

학기, 즉 6~8년이 걸리며, 중도 탈락률이 높아 약 70% 정도만 졸업한다. 이는 입학이 쉬운 대신 졸업이 엄격한 독일 특유의 학제 때문이다. 몇몇 학과의 경우에는 마기스터 시험까지로 전체 과정이 끝나기도 한다. 박사 과정에서는 박사학위 논문만 쓰면 되기 때문에 대개 3~4년이면 끝날 수 있다.

대학에서는 '제메스터(Semester)'라는 학기제를 채택하고 있다. 여름학기는 4월 중순에서 7월 중순까지, 겨울학기는 10월 중순에서 2월 중순까지이며, 여름방학과 학기 방학이 그 사이에 들어있다.

독일 대학에는 학년 개념이 없고 학기수로 따지며, 졸업할 때까지 학점 이수와 졸업논문 제출과 구두시험을 통과해야만 학위를 취득할 수 있기 때문에 학생들마다 공부하는 기간이 다르다.

종교 단체에서 설립한 신학대학과 같은 특수대학을 제외한 독일의 모든 대학은 주립(국립)이며 입학금이나 수업료가 없다. 독일에서는 교육은 국가가 책임져야 한다는 오랜 전통이 있다. 대학생은 본인이 원하면 자유롭게 희망하는 대학으로 옮겨 다닐 수 있으며, 그동안 이수한 학점은 모두 인정 받는다.

연방정부에서 결정하는 것은 대학제도와 연구에 관한 일반적인 기본법 제정과 대학을 설립하고 연구 장려에 필요한 재정적 지원을 할 뿐이며, 대학 자체의 업무에 관해서는 전혀 간섭하지 않고 대학에 자율권을 보장한다. 종합대학의 수는 약 70개이며, 가장 오래된 대학은 1386년에 설립된 하이델베르크 대학이다.

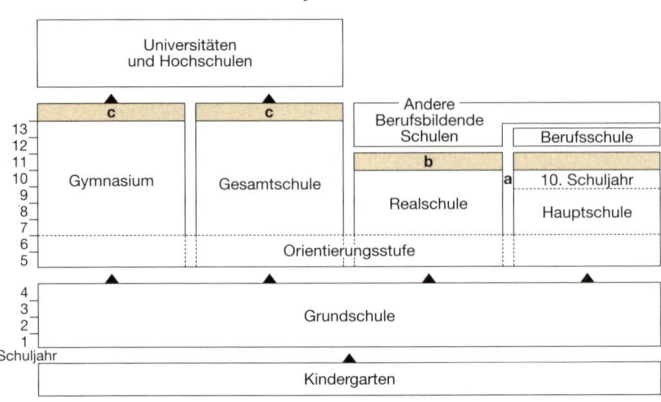

제 8 부

여행

Achter Teil | **die Reise**

01 | 항공권을 예약할 때

Ich möchte einen Flug nach Seoul buchen.
서울행 항공권을 예약하고 싶습니다.

 Grundausdrücke

▸ **Ich möchte einen Flug nach Seoul buchen.**

서울행 항공권을 예약하고 싶습니다.

▸ **Ich möchte für den 5. (fünften) nach Seoul buchen.**

5일에 출발하는 서울행을 예약하고 싶습니다.

▸ **Gibt es einen Flug nach Seoul?**

서울행 항공편이 있습니까?

▸ **Zwei Karten der Touristenklasse, bitte!**

3등석 표 두 장 주세요!

▸ **Wieviel kostet der Flug nach Seoul?**

서울행 항공 요금은 얼마입니까?

✎ Wir lernen!

- **der Flug** 비행, 항공편
- **buchen** 예약하다
- **die Touristenklasse** (배·비행기의) 3등석
- **ausgebucht sein** (전 좌석이) 매진되다
- **pro(=je) Person** 1인당

Dialoge

A Guten Tag! Was kann ich für Sie tun?
안녕하세요! 무엇을 도와드릴까요?

B Ich möchte einen Flug nach Seoul buchen.
서울행 항공권을 예약하고 싶습니다.

A Sind noch Plätze frei?
아직 빈 좌석이 있습니까?

B Ja, Wir haben noch freie Plätze.
네, 아직 빈 좌석이 있습니다.

A Ich möchte zwei Plätze buchen.
좌석 둘 예약하고 싶습니다.

B Tut mir leid, alle Plätze dieses Flugs sind ausgebucht.
미안합니다만, 이 항공편의 좌석은 모두 매진되었습니다.

A Wieviel kostet der Flug nach Seoul?
서울행 항공 요금은 얼마입니까?

B Es kostet pro Person 600 Euro.
1인당 600유로입니다.

Textverstehen!

▶ Ich möchte einen Flug nach Seoul buchen. 서울행 항공권을 예약하고 싶습니다.
Ich möchte einen Platz buchen. 좌석을 예약하고 싶습니다.
Ich möchte meinen Flug bestätigen. 항공권 예약을 확인하고 싶습니다.
Ich möchte meine Reservierung umbuchen. 항공권 예약을 변경하고 싶습니다.
Kann ich diesen Flug umbuchen? 이 항공권을 변경할 수 있습니까?
Kann ich diesen Flug abbestellen? 이 항공권을 취소할 수 있습니까?

02 | 탑승 수속을 할 때

Wann kann ich an Bord gehen?

탑승은 언제 합니까?

 Grundausdrücke

▸ **Wann kann ich an Bord gehen?**

탑승은 언제 합니까?

▸ **Welche Nummer hat der Flugsteig?**

탑승구는 몇 번입니까?

▸ **Wo ist der Flugsteig 5?**

5번 탑승구는 어디에 있습니까?

▸ **Ich möchte zwei Gepäckstücke aufgeben.**

짐 두 개는 부치겠습니다.

▸ **Kann ich das ins Flugzeug mitnehmen?**

이것을 기내에 가지고 갈 수 있습니까?

 **Wir lernen!**

- an Bord gehen 비행기에 타다
- der Flugsteig 탑승구
- das Gepäckstück [es, -e] (낱낱의) 수하물
- aufgeben (수하물을) 탁송하다
- das Flugzeug = die Maschine 비행기
- et.⁴ mitnehmen (무엇을) 가지고 가다

- der Flugschein 비행기표
- der Paß (=der Reisepaß) 여권
- der Zuschlag 추가요금, 할증요금
- gestatten 허가하다, 허용하다
- abfliegen (비행기가) 이륙하다
- das Gepäck 수하물

Dialoge

A Ihren Flugschein und den Paß, bitte!
탑승권과 여권 좀 보여주세요.

B Hier bitte!
여기 있습니다.

A Wieviel Kilo Gepäck wird ohne Zuschlag gestattet?
수하물은 초과 요금 없이 몇 킬로그램까지 허용됩니까?

B Bis 23 Kilogramm pro Person sind frei.
1인당 23킬로그램까지 무료입니다.

A Welche Nummer hat der Flugsteig?
탑승구는 몇 번입니까?

B 5.
5번입니다.

A Um wieviel Uhr fliegt die Maschine ab?
비행기는 몇 시에 출발합니까?

B Um 20.30 Uhr(zwanzig Uhr dreißig).
20시 30분에 출발합니다.

Textverstehen!

▶ Wieviel Kilo Gepäck wird gestattet? 수하물은 몇 킬로그램까지 허용됩니까?
Wieviel kostet das Übergewicht? 초과 요금은 얼마입니까?
Wo ist der Duty-Free-Shop? 면세점은 어디에 있습니까?
Wo ist dieser Flugsteig? (탑승권을 보여주면서) 이 탑승구는 어디에 있습니까?
Wo ist der Schalter von Korean Air? 대한항공의 카운터는 어디에 있습니까?
Wo ist der Schalter der Lufthansa? 루프트한자의 카운터는 어디에 있습니까?

03 | 기내에서 문의할 때

Wo ist Platz D-42, bitte?
D-42 좌석은 어디에 있습니까?

 **Grundausdrücke**

▸ **Wo ist Platz D-42, bitte?**

D-42 좌석은 어디에 있습니까?

▸ **Können Sie bitte mit mir den Platz wechseln?**

저와 좌석을 좀 바꿀 수 있을까요?

▸ **Kann ich einen Orangensaft bekommen?**

오렌지 주스 한 잔 주시겠어요?

▸ **Ich möchte zollfreien Whisky.**

면세 위스키를 사고 싶은데요.

▸ **Wasser bitte!**

물 좀 주세요!

Wir lernen!

- mit jm. et.⁴ wechseln (누구)와 (무엇)을 교환하다
- der Orangensaft 오렌지 주스
- bekommen 얻다, 받다
- zollfrei 면세의
- zusammensitzen 같이 앉아 있다
- da(=dort) drüben 저기 저쪽에
- etwas 어떤 것, 무엇

Dialoge

A **Wo ist Platz D-50, bitte?**
D-50 좌석은 어디에 있습니까?

B **Da drüben.**
저쪽입니다.

A **Können Sie bitte mit mir den Platz wechseln?**
저와 좌석을 좀 바꿀 수 있을까요?

B **Tut mir leid, aber wir möchten zusammensitzen.**
미안합니다만, 저희들은 같이 있고 싶은데요.

A **Wünschen Sie etwas zu trinken?**
무엇을 마시겠습니까?

B **Kaffee bitte!**
커피 주세요!

A **Fräulein, kann ich einen Orangensaft bekommen?**
승무원, 오렌지 주스 한 잔 주시겠어요?

B **Ja, gern!**
네, 그러지요.

Textverstehen!

▸ Kaffee bitte! 커피 주세요!
 Wasser bitte! 물 좀 주세요!

▸ Kann ich einen Kaffee bekommen? 커피 한 잔 주시겠어요?
 Kann ich einen Orangensaft bekommen? 오렌지 주스 한 잔 주시겠어요?

04 | 입국 수속을 할 때

Ich bin Tourist.
저는 관광객입니다.

🗣 Grundausdrücke

▶ **Ich bin Tourist.**

저는 관광객입니다.

▶ **Hier ist mein Paß.**

여기 제 여권 있습니다.

▶ **Ich habe nichts zu verzollen.**

신고할 건 아무것도 없습니다.

▶ **Diese Sachen sind Geschenke für Freunde.**

이 물건들은 친구들에게 줄 선물입니다.

▶ **Ich kann mein Gepäck nicht finden.**

제 짐을 찾을 수가 없습니다.

📝 Wir lernen!

- der Tourist[turíst] 관광객
- nichts 아무것도 … 않다
- verzollen 관세를 물다
- die Sache [-, -n] 물건
- das Geschenk [-es, -e] 선물
- der Zweck 목적
- die Reise 여행
- die Vergnügungsreise 관광 여행
- reisen 여행하다
- in der Gruppe 단체로
- allein 혼자

Dialoge

A Ihren Paß, bitte!
여권 좀 보여주세요!

B Hier ist mein Paß.
여기 있습니다.

A Was ist der Zweck Ihrer Reise?
여행 목적이 무엇입니까?

B Ich bin auf einer Vergnügungsreise hier.
관광 여행입니다.

A Haben Sie etwas zu verzollen?
신고할 거 있습니까?

B Nein, ich habe nichts zu verzollen.
아니요, 신고할 건 아무것도 없습니다.

A Reisen Sie in der Gruppe?
단체 여행입니까?

B Nein, ich reise allein.
아니요, 저 혼자 여행합니다.

Textverstehen!

▶ Ich bin Tourist. 저는 관광객입니다.
Ich reise als Tourist. 저는 관광 여행을 하고 있습니다.
Ich reise in der Gruppe. 저는 단체 여행을 하고 있습니다.

▶ Ich bin auf einer Vergnügungsreise hier. 저는 이곳에 관광 여행 중입니다.
Ich bin auf einer Urlaubsreise hier. 저는 이곳에 휴가 여행 중입니다.
Ich bin auf einer Geschäftsreise hier. 저는 이곳에 출장 중입니다.

05 | 은행에서 환전할 때

Kann man hier Geld wechseln?
여기서 환전할 수 있습니까?

 Grundausdrücke

▸ **Kann man hier Geld wechseln?**

여기서 환전할 수 있습니까?

▸ **Ich möchte 100 Dollar in Euro wechseln.**

100달러를 유로화로 바꾸고 싶습니다.

▸ **Bitte wechseln Sie diesen Reisescheck in Bargeld!**

이 수표를 현금으로 바꿔 주세요.

▸ **Wieviel Euro bekomme ich für 100 Dollar?**

100달러는 몇 유로가 됩니까?

▸ **Ich möchte bei Ihnen ein Konto eröffnen.**

구좌를 개설하고 싶습니다.

Wir lernen!

- das Geld 돈
- wechseln 바꾸다, 교환하다
- Euro 유로화
- der Reisescheck [-s, -s] 여행자 수표
- in Bargeld 현금으로
- ein Konto eröffnen 구좌를 개설하다
- den Reisescheck einlösen
  여행자 수표를 현금화하다
- unterschreiben 서명하다
- der Zehneuroschein [es, -e]
  10유로 지폐
- das Kleingeld 잔돈
- der Wechselkurs 환시세

Dialoge

A Bitte wechseln Sie mir 100 Dollar in Euro!
100달러를 유로화로 바꿔 주세요.

B Ja, bitte!
네, 그러지요.

A Kann ich hier den Reisescheck einlösen?
여기서 여행자 수표를 현금으로 바꿀 수 있습니까?

B Ja, gewiß. Unterschreiben Sie hier, bitte!
네, 그렇습니다. 여기에 서명해 주십시오.

A Wie möchten Sie das Geld haben?
돈을 어떻게 드릴까요?

B 20 Zehneuroscheine und auch ein wenig Kleingeld, bitte!
10유로짜리 20장과 약간의 잔돈으로 주세요.

A Wie ist der Wechselkurs heute?
오늘 환시세는 어떻습니까?

B Achtzig Cent für einen Dollar.
1달러에 80센트입니다.

Textverstehen!

▶ Wo kann ich Geld wechseln? 어디에서 환전할 수 있습니까?
Wo kann ich Reisechecks einlösen? 어디에서 여행자 수표를 현금으로 바꿀 수 있습니까?

▶ Ich möchte 100 Dollar in Euro wechseln. 100달러를 유로화로 바꾸고 싶습니다.
Ich möchte diesen Reisescheck einlösen. 이 여행자 수표를 현금으로 바꾸고 싶습니다.

06 | 호텔에서 객실을 빌릴 때

Haben Sie ein Zimmer frei?
빈 방 있습니까?

 **Grundausdrücke**

▸ **Haben Sie ein Zimmer frei?**

빈 방 있습니까?

▸ **Ich möchte ein Einzelzimmer mit Bad.**

욕실 딸린 1인실을 원합니다.

▸ **Ein ruhiges Zimmer, bitte!**

조용한 방을 주세요.

▸ **Kann ich mir das Zimmer ansehen?**

방을 볼 수 있습니까?

▸ **Was kostet das Zimmer?**

그 방은 얼마입니까?

📝 Wir lernen!

- **das Zimmer** 방
- **frei** 비어 있는 (↔ besetzt)
- **das Einzelzimmer** 1인실
- **das Bad** 목욕; 욕실
- **ruhig** 조용한
- **sich³ et.⁴ ansehen** (무엇)을 구경하다
- **das Doppelzimmer** 2인실
- **jawohl** 예
- **das Frühstück** 아침식사

| Dialoge |

A **Haben Sie ein Zimmer frei?**
빈 방 있습니까?

B **Ja, ein Einzelzimmer oder ein Doppelzimmer?**
네, 1인실을 원하십니까, 2인실을 원하십니까?

A **Ich möchte ein Einzelzimmer mit Dusche.**
샤워시설이 있는 1인실을 원합니다.

B **Jawohl, mein Herr!**
알겠습니다, 손님!

A **Was kostet das Zimmer?**
그 방은 얼마입니까?

B **Es kostet 50 Euro mit Frühstück.**
아침식사 포함해서 50유로입니다.

A **Gefällt Ihnen dieses Zimmer?**
이 방 마음에 드십니까?

B **Ja, das Zimmmer gefällt mir. Ich nehme es.**
네, 마음에 듭니다. 이 방 하겠습니다.

Textverstehen!

- Haben Sie ein Einzelzimmer mit Dusche? 샤워시설이 있는 1인실 있습니까?
  Haben Sie ein Doppelzimmer mit Bad? 욕실 딸린 2인실 있습니까?
- Was kostet dieses Zimmer pro Tag? 이 방은 하루에 얼마입니까?
  Wie teuer ist das Zimmer pro Nacht? 이 방은 1박에 얼마입니까?
- Kann ich ein Zimmer reservieren? 방을 예약할 수 있습니까?
  Ich möchte ein Zimmer für heute abend buchen.
  오늘 저녁 묵을 방을 예약하고 싶습니다.

07 | 길을 물을 때

Wie komme ich zum Bahnhof?

역으로 가려면 어떻게 가야 합니까?

 Grundausdrücke

▸ **Entschuldigung! Wie komme ich zum Bahnhof?**

실례합니다! 역으로 가려면 어떻게 가야 합니까?

▸ **Können Sie mir bitte den Weg zum Rathaus zeigen?**

시청으로 가는 길을 좀 가르쳐 주실 수 있습니까?

▸ **Wie weit ist es von hier?**

여기에서 얼마나 멉니까?

▸ **Kann ich dorthin zu Fuß gehen?**

그곳으로 걸어서 갈 수 있습니까?

▸ **Gibt es hier in der Nähe eine öffentliche Toilette?**

이 근처에 공중 화장실이 있습니까?

Wir lernen!

- **zum Bahnhof kommen(gehen)** 역으로 가다
- **der Weg** 길
- **das Rathaus** 시청
- **weit** 먼 (↔ nah(e))
- **dorthin** 그곳으로
- **zu Fuß gehen** 걸어서 가다
- **in der Nähe** 부근에, 근처에
- **eine öffentliche Toilette** 공중 화장실
- **ziemlich** 상당히, 꽤
- **die Straßenbahn** (시가)전차
- **die Linie** 선, 노선(路線)

| Dialoge |

A Entschuldigung! Wie komme ich zum Bahnhof?
실례합니다! 역으로 가려면 어떻게 가야 합니까?

B Es ist ziemlich weit von hier. Nehmen Sie die Straßenbahn!
여기에서 꽤 멉니다. 전차를 이용하세요.

A Aha. Welche Linie soll ich da nehmen?
그렇군요. 몇 번 선을 타야 합니까?

B Linie 10.
10번 선입니다.

A Bitte, ist das der Weg zum Rathaus?
실례지만, 이 길이 시청으로 가는 길입니까?

B Ja, richtig.
네, 맞습니다.

A Wie weit ist es bis zum Rathaus?
시청까지는 얼마나 멉니까?

B Ungefähr 20 Minuten zu Fuß.
걸어서 20분 쯤 걸립니다.

Textverstehen!

▶ 길을 물을 때의 여러 가지 표현
Wie komme ich zum Bahnhof? 역으로 어떻게 가면 됩니까?
Wie kommt man zum Rathaus? 시청으로 어떻게 가면 됩니까?
Ist die Bushaltestelle hier in der Nähe? 버스 정류장이 이 근처에 있습니까?
Ist die U-Bahnstation hier in der Nähe? 지하철역이 이 근처에 있습니까?
Wo ist hier die Toilette? 여기 어디에 화장실이 있습니까?
Wo ist hier eine öffentliche Telefonzelle? 여기 어디에 공중전화가 있습니까?

08 | 열차를 이용할 때

Einmal nach München einfach!
뮌헨행 편도표 한 장 주세요.

 Grundausdrücke

▸ **Einmal nach München einfach!**

뮌헨행 편도표 한 장 주세요.

▸ **Zweimal Köln hin und zurück, bitte!**

쾰른 왕복표 두 장 주세요.

▸ **Von welchem Gleis fährt der Zug nach Bonn ab?**

본행 열차는 몇 번 선로에서 출발합니까?

▸ **Wo ist der Fahrkartenschalter?**

매표소는 어디에 있습니까?

▸ **Was kostet die Fahrkarte nach Heidelberg?**

하이델베르크행 차표는 얼마입니까?

Wir lernen!

- einmal 1매
- zweimal 2매
- einfach 편도
- hin und zurück 왕복
- das Gleis 궤도, 레일

- das Zug 기차, 열차
- die Fahrkarte 차표
- der Schalter 매표구, 창구
- der D-Zug(Durchgangszug) 급행열차
- erster Klasse^2 (zweiter Klasse^2) fahren
  일등석(이등석)으로 여행하다

Dialoge

A Wohin wollen Sie fahren?
어디로 가시려고 합니까?

B Ich will nach München fahren.
뮌헨으로 가려고 합니다.

A Bitte einmal nach München!
뮌헨행 차표 한 장 주세요.

B Einfach oder hin und zurück?
편도입니까, 왕복입니까?

A Fahren Sie erster oder zweiter Klasse?
일등석으로 가십니까, 이등석으로 가십니까?

B Zweiter Klasse.
이등석으로요.

A Von welchem Gleis fährt der D-Zug nach München ab?
뮌헨행 급행열차는 몇 번 선로에서 출발합니까?

B Von Gleis 5.
5번 선로에서요.

Textverstehen!

▶ Einmal(Zweimal) nach München, bitte! 뮌헨행 차표 한 장(두 장) 주세요.
Eine Fahrkarte nach Hamburg, bitte! 함부르크행 차표 한 장 주세요.
München einfach, bitte! 뮌헨 편도표 주세요.
Eine Rückfahrkarte nach Berlin, bitte! 베를린 왕복표 주세요.

▶ Was kostet eine Fahrkarte nach München? 뮌헨행 차표는 얼마입니까?
Was kostet eine Rückfahrkarte? 왕복표는 얼마입니까?

09 | 열차에서 문의할 때

Ist das der richtige Zug nach München?
이 열차는 뮌헨행 열차 맞습니까?

🗣️ Grundausdrücke

▸ **Ist das der richtige Zug nach München?**

이 열차는 뮌헨행 열차 맞습니까?

▸ **Ist dieser Platz besetzt?**

이 좌석은 주인이 있습니까?

▸ **Um wieviel Uhr kommt dieser Zug in München an?**

이 열차는 몇 시에 뮌헨에 도착합니까?

▸ **Hat dieser Zug einen Speisewagen?**

이 열차에 식당 칸이 있습니까?

▸ **Die Fahrkarten bitte!**

승차권 좀 보여 주세요.

📝 Wir lernen!

- **richtig** 옳은 (↔ falsch)
- **der Speisewagen** 식당차
- **in der Mitte** 중앙에, 한가운데에
- **der Schlafwagen** 침대차
- **voll besetzt sein** 만원이다

Dialoge

A Ist das der richtige Zug nach München?
이 열차는 뮌헨행 열차 맞습니까?

B Ja, sicher!
네, 틀림없습니다.

A Ist dieser Platz besetzt?
이 좌석은 주인이 있습니까?

B Nein, er ist frei.
아니요, 비어 있습니다.

A Hat dieser Zug einen Speisewagen?
이 열차에 식당 칸이 있습니까?

B Ja, in der Mitte des Zuges gibt es einen Speisewagen.
네, 열차 중앙에 식당 칸이 있습니다.

A Kann ich noch einen Schlafwagenplatz zweiter Klasse bekommen?
이등 침대석을 이용할 수 있을까요?

B Nein, der Schlafwagen ist schon voll besetzt.
아니요, 침대 칸은 이미 만원입니다.

Textverstehen!

▶ Ist das der richtige Zug nach Köln? 이 열차는 쾰른행 열차 맞습니까?
  Ist das der richtige D-Zug nach Berlin? 이 열차는 베를린행 급행열차 맞습니까?

▶ Hat dieser Zug einen Speisewagen? 이 열차에 식당 칸이 있습니까?
  Gibt es in diesem Zug einen Schlafwagen? 이 열차에 침대 칸이 있습니까?

10 | 버스를 이용할 때

Bitte, wo ist hier die Bushaltestelle?
실례지만, 여기 버스 정류장은 어디에 있습니까?

 Grundausdrücke

▶ **Bitte, wo ist hier die Bushaltestelle?**
실례지만, 여기 버스 정류장은 어디에 있습니까?

▶ **Wo nehme ich den Bus zum Bahnhof?**
역으로 가는 버스는 어디에서 탑니까?

▶ **Fährt dieser Bus zum Flughafen?**
이 버스는 공항으로 갑니까?

▶ **Wohin fährt dieser Bus?**
이 버스는 어디로 갑니까?

▶ **Was kostet die Fahrt?**
차비는 얼마입니까?

Wir lernen!

- **fahren** 타고 가다; (차·배가) 가다
  ich fahre, du fährst, er fährt
- **der Flughafen** 공항
- **die Fahrt** 차를 타고 감
- **die Straßenecke** 길모퉁이

- **der Bus** 버스
- **besser** (gut의 비교급) 더 좋은
- **aussteigen** (차에서) 내리다
  (↔ einsteigen)
- **nächst** 바로 다음의

| Dialoge |

A Bitte, wo ist hier die Bushaltestelle?
실례지만, 여기 버스 정류장은 어디에 있습니까?

B Dort drüben an der Straßenecke ist die Bushaltestelle.
저 길모퉁이에 버스 정류장이 있습니다.

A Ich möchte zum Bahnhof. Mit welchem Bus muß ich fahren?
역으로 가려고 합니다. 어느 버스를 타고 가야 합니까?

B Sie müssen den Bus Nummer fünf nehmen.
5번 버스를 타야 합니다.

A Kann ich dorthin zu Fuß gehen?
그곳은 걸어서 갈 수 있습니까?

B Sie nehmen besser den Bus.
버스를 타는 편이 더 좋습니다.

A Ich möchte zum Rathaus. Wo muß ich aussteigen?
시청으로 가려고 합니다. 어디에서 내려야 합니까?

B Steigen Sie an der nächsten Haltestelle aus!
다음 정류장에서 내리십시오.

Textverstehen!

▶ Ich möchte zum Bahnhof. 역으로 가려고 합니다.
　Ich möchte zum Rathaus. 시청으로 가려고 합니다.

▶ Wo nehme ich den Bus zum Bahnhof? 역으로 가는 버스는 어디에서 탑니까?
　Wo nehme ich den Bus nach Bonn? 본으로 가는 버스는 어디에서 탑니까?

▶ Fährt dieser Bus zum Flughafen? 이 버스는 공항으로 갑니까?
　Fährt dieser Bus zur Beethovenstraße? 이 버스는 베토벤 가(街)로 갑니까?

11 | 지하철을 이용할 때

Ist die U-Bahnstation hier in der Nähe?
지하철역이 이 근처에 있습니까?

 Grundausdrücke

▸ **Ist die U-Bahnstation hier in der Nähe?**

지하철역이 이 근처에 있습니까?

▸ **Fährt diese U-Bahn zum Rathaus?**

이 지하철은 시청으로 갑니까?

▸ **Wo muß ich zum Bahnhof umsteigen?**

역으로 가려면 어디에서 갈아타야 합니까?

▸ **Welche Linie fährt zum Flughafen?**

공항행은 몇 호선입니까?

▸ **Ich möchte zum Flughafen. Wo muß ich aussteigen?**

공항으로 가려고 합니다. 어디에서 내려야 합니까?

📝 Wir lernen!

- die U-Bahnstation 지하철역
  (= der U-(Untergrund-)bahnhof)
- die U-Bahn (Untergrundbahn) 지하철
- umsteigen 갈아타다
- fremd 낯선
- die U-Bahnfahrkarte 지하철 표
- der Fahrkartenschalter
  차표 매표구
- rechts 오른쪽에 (↔ links)
- die Station 역(驛)

| Dialoge |

A Entschuldigung, wo ist die U-Bahnstation?
실례합니다, 지하철역이 어디에 있습니까?

B Tut mir leid, ich bin hier auch fremd.
미안합니다만, 저도 이곳을 잘 모릅니다.

A Wo kann ich eine U-Bahnfahrkarte kaufen?
지하철 표는 어디에서 살 수 있습니까?

B Am Fahrkartenschalter rechts.
오른쪽 매표구에서요.

A Welche Linie fährt zum Flughafen?
공항행은 몇 호선입니까?

B Die Linie 5 fährt zum Flughafen.
5호선이 공항으로 갑니다.

A Ich möchte zum Flughafen. Wo muß ich aussteigen?
공항으로 가려고 합니다. 어디에서 내려야 합니까?

B Steigen Sie hier aus!
여기에서 내리십시오.

Textverstehen!

▶ Wo muß ich zum Bahnhof aussteigen? 역으로 가려면 어디에서 내려야 합니까?
　Wo muß ich zum Rathaus umsteigen? 시청으로 가려면 어디에서 갈아타야 합니까?

▶ Was kostet es zum Rathaus? 시청까지는 얼마입니까?
　Was kostet es zum Flughafen? 공항까지는 얼마입니까?

12 | 택시를 이용할 때

Taxi! Zum Flughafen, bitte!
택시! 공항으로 가 주세요!

 Grundausdrücke

▸ **Taxi! Zum Flughafen, bitte!**
택시! 공항으로 가 주세요!

▸ **Bitte, rufen Sie mir ein Taxi!**
택시 좀 불러주세요.

▸ **Wohin, bitte?**
어디로 가시렵니까?

▸ **Bitte halten Sie hier!**
여기 세워 주세요.

▸ **Lassen Sie mich an der Straßenecke dort aussteigen!**
저기 길모퉁이에 내려 주세요.

 **Wir lernen!**

- **rufen** 부르다
- **halten** 정지하다
- **dauern** (시간이) 걸리다
- **lassen** …하게 하다
- **das Gebäude** 건물
- **verstanden** verstehen「이해하다」의 과거 분사형

Dialoge

A Wohin, bitte?
어디로 가시렵니까?

B Zum Flughafen, bitte!
공항으로 가 주세요.

A Wie lange dauert es bis zum Flughafen?
공항까지는 시간이 얼마나 걸립니까?

B Etwa dreißig Minuten mit dem Taxi.
택시로 약 30분 걸립니다.

A Lassen Sie mich an der Ecke des Gebäudes dort aussteigen.
저 건물 모퉁이에서 내려주세요.

B Verstanden!
알겠습니다.

A Bitte halten Sie hier! Was kostet es?
여기 세워주세요. 얼마입니까?

B 25(fünfundzwanzig) Euro.
25유로입니다.

Textverstehen!

▶ Zum Bahnhof, bitte! 역으로 가 주세요!
  Bitte, bringen Sie mich zum Flughafen! 공항으로 가 주세요!

▶ Halten Sie hier! 여기 세워주세요.
  Halten Sie! Hier ist es. 세워주세요. 여기네요.

▶ Was (=Wieviel) kostet es? 얼마입니까?
  Was (=Wieviel) macht es? 얼마입니까?

13 | 관광버스를 이용할 때

Wo ist die Touristeninformation?

관광 안내소가 어디에 있습니까?

 Grundausdrücke

▶ **Wo ist die Touristeninformation?**

관광 안내소가 어디에 있습니까?

▶ **Ich möchte eine Stadtrundfahrt machen.**

시내 일주 관광을 하고 싶은데요.

▶ **Gibt es einen Stadtrundfahrtbus?**

시내 일주 관광버스가 있습니까?

▶ **Gibt es eine Rundfahrt zur Romantischen Straße?**

로만틱 가도(街道)를 순회하는 관광 상품이 있습니까?

▶ **Was kostet es pro Person?**

1인당 얼마입니까?

📝 Wir lernen!

- **das Touristeninformation** 관광 안내소
- **die Stadtrundfahrt** 시내 일주 관광
- **die Romantische Straße** 로만틱 가도
  (바이에른 주의 관광 명소가 많은 가도)
- **die Sehenswürdigkeit** 명소(名所)
- **das Schloß** 성(城)
- **besichtigen** 구경하다
- **morgens** 아침에
- **wunderschön** 매우 아름다운

Dialoge

A Gibt es hier in der Nähe eine Touristeninformation?
이 부근에 관광 안내소가 있습니까?

B Das tut mir leid, ich bin hier auch fremd.
미안합니다만, 저도 이곳을 잘 모릅니다.

A Welche Sehenswürdigkeiten gibt es in dieser Stadt?
이 도시에는 어떤 명소들이 있습니까?

B Haben Sie hier das Rathaus und das Schloß besichtigt?
이곳에서 시청과 성(城)을 구경하셨나요?

A Wann gibt es einen Bus für die Stadtrundfahrt?
시내 일주 관광버스가 언제 있습니까?

B Der Stadtrundfahrtbus fährt hier um 9 Uhr morgens ab.
시내 일주 관광버스는 이곳에서 아침 9시에 출발합니다.

A Haben Sie das wunderschöne Schloß Neuschwanstein besichtigt?
빼어나게 아름다운 노이슈반슈타인 성을 구경하셨나요?

B Nein, noch nicht. Gibt es eine Rundfahrt zum Schloß Neuschwanstein?
아니요, 아직 못했어요. 노이슈반슈타인 성으로 가는 관광 상품이 있습니까?

Textverstehen!

▶ Gibt es eine Stadtrundfahrt? 시내 일주 관광 상품이 있습니까?

Gibt es eine Rundfahrt zur Romantischen Straße?
로만틱 가도를 순회하는 관광 상품이 있습니까?

Gibt es eine Rundfahrt zum Schloß Neuschwanstein?
노이슈반슈타인 성을 견학하는 관광 상품이 있습니까?

유로화(貨) 읽는 법

1, - Euro = 100 Cent

1, - Euro ein Euro	2, 10 Euro zwei Euro zehn	3, 20 Euro drei Euro zwanzig
4, 30 Euro vier Euro dreißig	5, 40 Euro fünf Euro vierzig	0, 50 Euro fünfzig Cent

　Euro(유로)는 독일어로 '오이로[ɔyro]'로 발음하며, Cent는 '첸트[tsɛnt]' 또는 '센트[sɛnt]'로 발음한다. 금액 앞에는 €를 붙여 유로화임을 표시한다.

　유로 지폐는 5 Euro, 10 Euro, 20 Euro, 50 Euro, 100 Euro, 200 Euro, 500 Euro 등 7가지 종류로 발행되었고, 주화는 1 Euro, 2 Euro와 1 Cent, 2 Cent, 5 Cent, 10 Cent, 20 Cent, 50 Cent 등 8가지 종류로 발행되었다.

　유로화란 유럽통화동맹(EMU)에 가입한 독일, 프랑스, 이탈리아, 오스트리아, 네덜란드, 벨기에, 룩셈부르크, 스페인, 그리스, 포르투갈, 핀란드, 아일랜드, 슬로바키아, 슬로베니아, 에스토니아, 라트비아, 리투아니아, 산도라, 산마리노, 모나코, 몰타, 키프로스, 바티칸 등 23개국에서 2002년 1월 1일부터 모든 거래에 사용되는 단일 통화를 말한다.

독일의 교통수단

1990년 독일이 통일된 후 1994년 동독 철도와 서독 철도가 통합되어 현재의 독일 철도 주식회사(Deutsche Bahn, DB)가 설립되었다. 연방국가로 구성된 독일의 특성상 철도 시스템도 매우 지역적인 것이 특징이다.

독일 기차의 ICE(Inter City Express)와 IC(Inter City)는 우리나라의 고속 열차와 비슷하다. ICE는 독일의 대도시들을 연결할 뿐만 아니라 네덜란드, 벨기에, 스위스, 오스트리아, 프랑스, 덴마크 등의 국가를 잇는 열차이기도 하다. 빠르지만 적은 소음, 우수한 승차감, 안정성, 쾌적함으로 선호도가 높다. 같은 고속 열차이지만 IC는 독일 내에서만 운행된다는 차이점이 있다. IC는 독일의 대도시뿐 아니라 중간 규모의 도시를 잇는 국내 열차이다. 또한 IC와 동급인 EC(Euro City)도 있는데, 이것은 독일뿐만 아니라 유럽 여러 나라의 국경을 넘는 IC급 열차라고 보면 된다. 독일 내 이동시 열차가 IC인 것과 EC인 것은 차이가 없다고 보아도 무방하다.

ICE와 IC가 이동거리가 길고 빠른 속도를 자랑하는 고속열차라면, RE(Regional Express)와 RB(Regional Bahn)는 보다 작은 지역과 도시를 연결하는 "지역열차"라고 할 수 있다. RE와 RB는 정차역이 많아 열차의 속도가 다소 느리고, 큰 기차역과 작은 기차역을 연결해주는 노선 위주이므로 주로 대도시에서 근교의 도시를 지나 다른 대도시로 연결해주는 경우가 많다. 가격은 ICE나 IC보다는 훨씬 저렴하기 때문에 가까운 거리를 갈 때, 또는 ICE 등이 정차하지 않는 작은 도시로 갈 때는 RE나 RB를 이용하면 좋다.

지하철의 경우, 가장 대중적으로 알려진 것이 S-bahn과 U-bahn이다. S-bahn은 독일철도청에서 운영하는 국철, U-bahn은 사설업체가 운영하는 전철을 말한다. S-bahn과 U-bahn은 노선이 뚜렷이 구분되는 것이 아니라 한 도시 내에서 노선을 공유하기 때문에 사실상 같은 지하철 네트워크로 보면 된다. 다만 굳이 차이가 있다면, S-bahn은 도시 외곽까지 노선이 확장되고, U-bahn은 도심지 내에서만 운영된다는 차이가 있다. S-bahn과 U-bahn은 각각 S와 U를 사용하여, S1호선, U1호선 등으로 표기한다. 참고로 S-bahn은 독일철도패스나 유레일패스로 탑승이 가능하다.

제 9 부

생활

Neunter Teil | das Leben

01 | 주유소에서 기름을 넣을 때

Ist hier in der Nähe eine Tankstelle?
이 부근에 주유소가 있습니까?

 Grundausdrücke

▸ **Ist hier in der Nähe eine Tankstelle?**

이 부근에 주유소가 있습니까?

▸ **Volltanken, bitte!**

가득 채워주세요.

▸ **Bitte geben Sie mir dreißig Liter!**

30리터 넣어 주세요.

▸ **Normalbenzin, bitte!**

보통 휘발유로 넣어 주세요.

▸ **Füllen Sie bitte Kühlwasser nach!**

냉각수를 보충해 주세요.

Wir lernen!

- die Tankstelle 주유소
- volltanken 탱크를 가득 채우다
- das Liter (액체 양의 단위) 리터
- das Normalbenzin 보통 휘발유
- nachfüllen 덧붙여 채우다
- das Kühlwasser 냉각수
- der Reifen [-s, -] 타이어
- nachsehen 확인해보다, 조사해보다
- bezahlen 지불하다

Dialoge

A **Volltanken, bitte!**
가득 채워주세요.

B **Normalbenzin oder Super?**
보통 휘발유로 넣을까요, 고급으로 넣을까요?

A **Füllen Sie bitte Kühlwasser nach!**
냉각수를 좀 보충해 주세요.

B **Gern!**
그러죠.

A **Soll ich die Reifen nachsehen?**
타이어를 봐 드릴까요?

B **Ja, bitte!**
네, 그렇게 해 주세요.

A **Kann ich mit Kreditkarte bezahlen?**
크레디트 카드로 지불할 수 있습니까?

B **Ja, gern!**
네, 좋습니다.

Textverstehen!

- Ist hier in der Nähe eine Tankstelle? 이 부근에 주유소가 있습니까?
  Wo ist die nächste Tankstelle? 제일 가까운 주유소가 어디에 있습니까?
- Volltanken, bitte! 가득 채워 주세요.
  Machen Sie den Tank voll! 가득 채워 주세요.
- Bitte geben Sie mir zwanzig Liter! 20리터 넣어 주세요.
  Bitte geben Sie mir dreißig Liter! 30리터 넣어 주세요.

02 | 우편물을 부칠 때

Was kostet das Porto für diesen Brief?
이 편지의 우편 요금은 얼마입니까?

 Grundausdrücke

▸ **Was kostet das Porto für diesen Brief?**

이 편지의 우편 요금은 얼마입니까?

▸ **Ich möchte dieses Päckchen nach Korea schicken.**

이 소포를 한국으로 보내고 싶은데요.

▸ **Wo ist der Briefmarkenschalter?**

우표 판매 창구는 어디에 있습니까?

▸ **Dieses Paket bitte mit Schiff!**

이 소포를 선편으로 보내 주세요.

▸ **Bitte, fünf Briefmarken zu 20 Cent!**

20센트짜리 우표 다섯 장 주세요.

Wir lernen!

- **das Porto** 우편 요금
- **der Brief** 편지
- **das Päckchen** (작은) 소포
- **schicken = senden** 보내다
- **die Briefmarke** [-, -n] 우표
- **das Paket** 소포
- **mit(=per) Schiff** 선편으로
- **mit(=per) Luftpost** 항공편으로
- **darin** 그 속에

Dialoge

🔊 9-02.mp3

A Ich möchte dieses Päckchen nach Korea schicken.
이 소포를 한국으로 보내고 싶은데요.

B Was ist darin?
이 속에 무엇이 들어있습니까?

A Mit Schiff oder mit Luftpost?
선편으로 보내 드릴까요, 항공편으로 보내 드릴까요?

B Mit Schiff, bitte!
선편으로 보내 주세요.

A Wieviel kostet ein Brief nach Korea mit Luftpost?
항공편으로 한국에 보내는 편지는 얼마입니까?

B Ein Euro.
1유로입니다.

A Wo kann ich Briefmarken bekommen?
우표는 어디에서 살 수 있습니까?

B Hier bei mir bitte.
여기 저한테서 살 수 있습니다.

Textverstehen!

▶ Dieses Paket bitte mit Schiff! 이 소포를 선편으로 보내 주세요.
  Diesen Brief bitte mit Luftpost! 이 편지를 항공편으로 보내 주세요.

▶ Was kostet ein Luftpostbrief nach Korea? 한국까지 항공 우편 요금은 얼마입니까?
  Was kostet das Porto mit Luftpost? 항공 우편 요금은 얼마입니까?

▶ Bitte, fünf Briefmarken zu zehn Cent! 10센트짜리 우표 다섯 장 주세요.
  Bitte, zehn Briefmarken zu zwei Euro! 2유로짜리 우표 열 장 주세요.

03 | 쇼핑할 때

Kann ich das Kleid mal anprobieren?
이 옷 한번 입어 볼 수 있습니까?

 Grundausdrücke

▸ **Kann ich das Kleid mal anprobieren?**

이 옷 한번 입어 볼 수 있습니까?

▸ **Ich möchte einen Hut haben.**

모자를 사려고 하는데요.

▸ **Haben Sie etwas Kleineres?**

좀 더 작은 것 있습니까?

▸ **Zeigen Sie mir bitte etwas anderes!**

다른 것 좀 보여 주세요.

▸ **Wann gibt es Sonderangebote?**

세일은 언제 합니까?

📝 Wir lernen!

- **das Kleid anprobieren** 옷을 입어 보다
- **zahlen** 지불하다, 값을 치르다
- **der Hut** 모자
- **etwas Kleineres** 좀 더 작은 것
- **etwas anderes** 다른 것

- **das Sonderangebot [-es, -e]** 특가 제공, 세일
- **die Größe** 크기, 사이즈
- **nachsehen** 확인해 보다, 찾아 보다
- **annehmen** 받다
- **die Kasse** 계산대

Dialoge

🔊 9-03.mp3

A Kann ich das Kleid mal anprobieren?
이 옷 한번 입어 볼 수 있습니까?

B Ja, natürlich!
네, 물론이지요.

A Das ist mir zu groß. Haben Sie eine kleinere Größe?
이건 내게 너무 큽니다. 좀 더 작은 사이즈 있습니까?

B Moment bitte, ich sehe mal nach.
잠깐만요. 한번 찾아볼게요.

A Ich möchte einen Hut haben.
모자를 사려고 하는데요.

B Sehr gern. Was für einen Hut wünschen Sie?
좋아요. 어떤 모자를 원하세요?

A Nehmen Sie Reiseschecks an?
여행자 수표를 받습니까?

B Ja, bitte zahlen Sie dort an der Kasse!
네, 저기 계산대에서 지불하세요.

Textverstehen!

▶ Ich möchte einen Hut haben. 모자를 사려고 하는데요.
  Ich möchte eine Krawatte kaufen. 넥타이를 사려고 하는데요.

▶ Haben Sie eine kleinere Größe? 좀 더 작은 사이즈 있습니까?
  Haben Sie etwas Größeres? 좀 더 큰 것 있습니까?

▶ Geht es nicht ein bißchen billiger? 좀 싸게는 안 됩니까?
  Können Sie das nicht etwas billiger geben? 좀 싸게 줄 수는 없습니까?

04 | 방을 세 얻을 때

Ich möchte ein Zimmer.
방을 구합니다.

 Grundausdrücke

▸ **Ich möchte ein Zimmer.**

방을 구합니다.

▸ **Ich komme wegen der Zeitungsanzeige.**

신문 광고를 보고 왔습니다.

▸ **Ist das Zimmer noch frei?**

방이 아직 비어 있습니까?

▸ **Was kostet das Zimmer im Monat?**

방세는 한 달에 얼마입니까?

▸ **Ich möchte das Zimmer sehen.**

방을 보고 싶은데요.

Wir lernen!

- wegen (2격지배 전치사) ~때문에
- die Zeitungsanzeige 신문 광고
- im Monat 한 달에
- monatlich 다달이, 매달
- eintreten 들어가다
- einziehen 이사하다
- mieten 세 얻다 (↔ vermieten)
- im voraus 미리

Dialoge

A Ist das Zimmer noch frei?
방이 아직 비어 있습니까?

B Ja. Bitte, treten Sie ein! Ich zeige es Ihnen.
네. 어서 들어오세요. 방을 보여 드리겠습니다.

A Was kostet das Zimmer im Monat?
방세는 한 달에 얼마입니까?

B 200(zweihundert) Euro monatlich.
매월 200유로입니다.

A Kann ich das Zimmer sehen?
방을 볼 수 있을까요?

B Ja, gewiß.
네, 물론이죠.

A Gut, ich miete das Zimmer. Kann ich morgen einziehen?
좋습니다. 이 방을 하겠습니다. 내일 이사해도 되나요?

B Bitte sehr. Aber man muß im voraus bezahlen.
좋아요. 그런데 방세는 미리 내셔야 합니다.

Textverstehen!

- Was kostet das Zimmer im Monat? 방세는 한 달에 얼마입니까?
  Wieviel kostet es monatlich? 한 달에 얼마입니까?
- Ich möchte das Zimmer sehen. 방을 보고 싶습니다.
  Kann ich das Zimmer sehen? 방을 볼 수 있습니까?
- Kann ich morgen einziehen? 내일 이사해도 되나요?
  Wann kann ich einziehen? 언제 이사할 수 있나요?

05 | 박물관·미술관에서 표를 살 때

Was kostet der Eintritt?
입장료는 얼마입니까?

 Grundausdrücke

▸ **Ein Erwachsener, bitte! Was kostet der Eintritt?**

어른 한 사람입니다. 입장료는 얼마입니까?

▸ **Zwei Erwachsene und drei Kinder, bitte!**

어른 둘, 어린이 셋입니다.

▸ **Gibt es eine Studentenermäßigung?**

학생 할인은 됩니까?

▸ **Darf man innen fotografieren?**

안에서 사진을 찍어도 되나요?

▸ **Bis wann ist das Museum geöffnet?**

이 박물관(미술관)은 몇 시까지 문을 엽니까?

Wir lernen!

- der Eintritt 들어감, 입장(入場)
- der(die) Erwachsene (형용사적 변화) 성인, 어른
- ein Erwachsener 어른 한 사람
- die Studentenermäßigung 학생 할인
- innen 안에(서), 내부에(서)
- fotografieren 사진을 찍다, 촬영하다
- das Museum 박물관; 미술관
- die Studentenkarte 학생 입장권
- verboten sein 금지되어 있다

Dialoge

A Um wieviel Uhr wird das Museum geöffnet?
박물관은 몇 시에 문을 엽니까?

B Um 10 Uhr.
10시예요.

A Ein Erwachsener, bitte. Was kostet der Eintritt?
어른 한 사람입니다. 입장료는 얼마입니까?

B Fünf Euro.
5유로입니다.

A Eine Studentenkarte, bitte! Wieviel kostet das?
학생 입장권 한 장 주세요. 얼마입니까?

B Zwei Euro fünfzig.
2유로 50센트입니다.

A Darf man innen fotografieren?
안에서 사진을 찍어도 되나요?

B Nein, das ist verboten.
아니요, 금지되어 있습니다.

Textverstehen!

▶ 입장권을 살 때의 여러 가지 표현
Ein Erwachsener, bitte! 어른표 한 장 주세요.
Zwei Erwachsene, bitte! 어른표 두 장 주세요.
Eine Studentenkarte, bitte! 학생 입장권 한 장 주세요.
Zwei Studentenkarten, bitte! 학생 입장권 두 장 주세요.

06 | 서점에서 책을 살 때

Haben Sie einen Reiseführer von Berlin?
베를린 여행안내서 있습니까?

 Grundausdrücke

▸ **Haben Sie einen Reiseführer von Berlin?**

베를린 여행안내서 있습니까?

▸ **Ich möchte ein kleines deutsches Wörterbuch.**

독일어 소사전을 사려고 하는데요.

▸ **Können Sie mir ein gutes deutsches Wörterbuch empfehlen?**

저에게 좋은 독일어 사전을 추천해 주실 수 있습니까?

▸ **Bitte, packen Sie es als Geschenk ein!**

이것을 선물용으로 포장해 주세요.

▸ **Wieviel kostet dieses Buch?**

이 책은 얼마입니까?

📝 Wir lernen!

- **der Reiseführer** 여행안내서
- **das Wörterbuch** 사전
- **einpacken** 싸다, 포장하다
- **mehrere** 몇몇의
- **suchen** 찾다
- **allgemein** 일반적인
- **anerkannt** 정평이 있는
- **das Regal** 서가(書架)

Dialoge

🔊 9-06.mp3

A Haben Sie einen Reiseführer von Berlin?
베를린 여행안내서 있습니까?

B Ja, wir haben mehrere.
네, 몇 가지 있습니다.

A Können Sie mir bitte sagen, wo die Bücher sind?
그 책들이 어디에 있는지 말해 주실 수 있습니까?

B Auf dem Regal dort in der Ecke.
저 구석 진열장에 있습니다.

A Was suchen Sie?
무엇을 찾으십니까?

B Ich möchte einen Reiseführer über Deutschland.
독일 여행안내서를 사려고 합니다.

A Können Sie mir ein gutes deutsches Wörterbuch empfehlen?
저에게 좋은 독일어 사전을 추천해 주실 수 있습니까?

B Dies ist ein allgemein anerkanntes Wörterbuch.
이 책은 일반적으로 정평이 있는 사전입니다.

Textverstehen!

▸ Ich möchte einen Reiseführer von Berlin. 베를린 여행안내서를 사려고 합니다.
Ich möchte ein kleines deutsches Wörterbuch. 독일어 소사전을 사려고 합니다.

▸ Haben Sie einen Reiseführer von Berlin. 베를린 여행안내서 있습니까?
Haben Sie einen Reiseführer über Deutschland? 독일 여행안내서 있습니까?

07 | 이발소에서 머리를 깎을 때

Haare schneiden bitte!
이발 해 주세요.

 Grundausdrücke

▸ **Haare schneiden bitte!**

이발 해 주세요.

▸ **Ich möchte mir die Haare schneiden lassen.**

이발을 하고 싶은데요.

▸ **Nicht zu kurz bitte!**

너무 짧게 깎지 마세요.

▸ **Die Haare bitte auch waschen!**

머리를 감겨주세요.

▸ **Bitte nur rasieren!**

면도만 해 주세요.

Wir lernen!

- das Haar [-es, -e] 머리털
- schneiden 자르다
  schneiden-schnitt-geschnitten
- sich³ die Haare schneiden lassen 이발을 하다
- kurz 짧은 (↔ lang)
- die Haare waschen 머리를 감다
- rasieren 면도하다
- die Kopfwäsche (=das Haarwaschen) 세발(洗髮)
- normal 표준의, 정상적인
- das Haar kämmen 머리를 빗다

Dialoge

A Ich möchte mir die Haare schneiden lassen.
이발을 하고 싶은데요.

B Sehr gern! Bitte, nehmen Sie hier Platz!
좋습니다. 여기 앉으세요.

A Wie möchten Sie das Haar geschnitten haben?
머리를 어떻게 자를까요?

B Normal bitte!
보통 하는 대로요.

A Möchten Sie eine Kopfwäsche?
머리를 감겨 드릴까요?

B Nein, danke. Bitte auch nicht rasieren!
괜찮습니다. 면도도 그냥 두세요.

A Bitte kämmen Sie nur das Haar.
머리만 빗겨 주세요.

B Gewiß.
알겠습니다.

Textverstehen!

▶ Haare schneiden bitte! 이발해 주세요.
 Nur Haare schneiden bitte! 이발만 해 주세요.

▶ Kurz bitte! 짧게 깎아 주세요.
 Nicht zu kurz bitte! 너무 짧게 깎지 마세요.
 Lang bitte! 길게 깎아 주세요.
 Normal bitte! 보통으로 깎아 주세요.

08 | 미용실에서 머리를 손질할 때

Eine leichte Dauerwelle, bitte!
약하게 파마 해 주세요.

 **Grundausdrücke**

▸ **Eine leichte Dauerwelle, bitte!**

약하게 파마 해 주세요.

▸ **Wie wollen Sie Ihr Haar haben?**

머리를 어떻게 해 드릴까요?

▸ **Schneiden Sie die Haare bitte etwas kürzer!**

머리를 약간 짧게 잘라 주세요.

▸ **Die Haare bitte färben!**

머리를 염색해 주세요.

▸ **Ich möchte eine Wasserwelle.**

웨이브 파마를 하고 싶은데요.

Wir lernen!

- leicht 가벼운 (↔ schwer)
- die Dauerwelle 파마
- färben 물들이다, 염색하다
- die Wasserwelle 콜드 파마, (머리의) 웨이브
- frisieren 머리를 다듬다
- der Farbton 색조
- die Haarfarbe 머리색
- jm. am besten stehen
  (누구)에게 가장 잘 어울리다
- das Braun 갈색
- sicher 확실히, 틀림없이

Dialoge

A Möchten Sie eine Dauerwelle?
파마를 하시겠어요?

B Ja, aber nur leicht bitte!
네, 약하게 해 주세요.

A Wie wollen Sie Ihr Haar haben?
머리를 어떻게 해 드릴까요?

B Haarwaschen und Frisieren, bitte!
감겨 주시고 머리를 다듬어 주세요.

A Ich möchte mein Haar färben lassen.
머리를 염색하고 싶은데요.

B Was für einen Farbton möchten Sie?
어떤 색으로 해 드릴까요?

A Welche Haarfarbe steht mir am besten?
어떤 머리색이 저에게 제일 잘 어울릴까요?

B Braun steht Ihnen sicher gut.
갈색이 틀림없이 잘 어울릴 거예요.

Textverstehen!

- Eine leichte (harte) Dauerwelle, bitte! 약하게(강하게) 파마 해 주세요.
- Haarwaschen und Frisieren, bitte! 머리를 감겨 주시고 다듬어 주세요.
- Nur schneiden und waschen, bitte! 머리를 자르고 감겨 주세요.
- Bitte Haare waschen! 머리를 감겨 주세요.

09 | 렌터카를 이용할 때

Ich möchte ein Auto mieten.
자동차를 빌리고 싶은데요.

 Grundausdrücke

▶ **Ich möchte ein Auto mieten.**

자동차를 빌리고 싶은데요.

▶ **Wo kann ich ein Auto mieten?**

어디에서 자동차를 빌릴 수 있습니까?

▶ **Ich möchte gerne ein Auto mit Automatik.**

오토매틱 차를 원합니다.

▶ **Was kostet dieses Auto pro Tag?**

이 차는 하루에 얼마입니까?

▶ **Enthält der Preis auch die Versicherung?**

요금에 보험도 포함되어 있습니까?

📝 Wir lernen!

- **mieten** 세 얻다
- **die Automatik** 자동 제어 장치
- **der Preis** 값, 요금
- **pro Tag** 하루에
- **enthalten** 함유하다, 포함하다
- **die Versicherung** 보험
- **der Führerschein** 운전 면허증
- **was für ein-** 어떤 종류의

| Dialoge |

🔊 9-09.mp3

A Ich möchte ein Auto mieten.
자동차를 빌리고 싶은데요.

B Kann ich Ihren Führerschein sehen?
운전 면허증을 볼 수 있을까요?

A Was für ein Auto möchten Sie?
어떤 차를 원하세요?

B Ich möchte gerne ein Auto mit Automatik.
오토매틱 차를 원합니다.

A Was kostet es pro Tag?
요금은 하루에 얼마입니까?

B Ein kleines Auto kostet 100(hundert) Euro pro Tag.
소형차는 하루에 100유로입니다.

A Enthält der Preis auch die Versicherung?
요금에 보험도 포함되어 있습니까?

B Ja, gewiß.
네, 그렇습니다.

Textverstehen!

▶ Was kostet es pro Tag? 하루 요금은 얼마입니까?
Was kostet es pro Woche? 일주일 요금은 얼마입니까?
Was kostet es für 3 Tage? 3일간 요금은 얼마입니까?

▶ Kann ich das Auto in Frankfurt abgeben? 차를 프랑크푸르트에서 넘겨줄 수 있습니까?
Kann ich das Auto woanders zurückgeben? 차를 다른 곳에서 반납할 수 있습니까?

10 | 분실·도난·사고가 생겼을 때

Ich habe meinen Reisepaß verloren.

여권을 잃어버렸습니다.

🔊 Grundausdrücke

▸ **Ich habe meinen Reisepaß verloren.**

여권을 잃어버렸습니다.

▸ **Wo ist die koreanische Botschaft?**

한국 대사관은 어디에 있습니까?

▸ **Können Sie mir bitte helfen?**

저를 좀 도와주실 수 있습니까?

▸ **Bitte rufen Sie die Polizei!**

경찰을 불러 주세요!

▸ **Bitte rufen Sie einen Krankenwagen!**

구급차를 불러 주세요!

📝 Wir lernen!

- der Reisepaß 여권
- habe … liegen lassen 현재 완료형
- verlieren 잃다 verlieren – verlor – verloren
- die koreanische Botschaft 한국 대사관
- die Polizei rufen 경찰을 부르다
- der Krankenwagen 구급차
- Was ist mit Ihnen los? 무슨 일입니까?
- die Tasche 가방

- et.⁴ liegen lassen (무엇)을 그대로 두다
- der Geldbeutel 돈지갑
- jm. et.⁴ stehlen (누구)에게서 (무엇)을 훔치다
- et.⁴ bei der Polizei melden
  (무엇)을 경찰에 신고하다
- sich ereignen 일어나다, 생기다
- der Verkehrsunfall 교통 사고
- Verletzte (pl.) 부상자들

Dialoge

A Was ist mit Ihnen los?
무슨 일입니까?

B Ich habe meinen Reisepaß verloren.
여권을 잃어버렸습니다.

A Ich habe meine Tasche im Taxi liegen lassen.
가방을 택시에 두고 내렸습니다.

B Was für eine Tasche ist das?
어떤 가방입니까?

A Man hat mir den Geldbeutel gestohlen.
지갑을 도둑맞았습니다.

B Melden Sie das bei der Polizei.
경찰에 신고하십시오.

A Es ereignete sich ein Verkehrsunfall.
교통사고가 났습니다.

B Gibt es Verletzte?
부상자가 있습니까?

Textverstehen!

▶ Ich habe meinen Reisepaß verloren. 여권을 잃어버렸습니다.
Ich habe meine Kreditkarte verloren. 크레디트 카드를 잃어버렸습니다.
Ich habe mein Flugtiket verloren. 비행기 표를 잃어버렸습니다.

▶ Hilfe! 도와줘요!
Feuer! 불이야!

▶ Bitte rufen Sie die Polizei! 경찰을 불러 주세요!
Bitte rufen Sie einen Krankenwagen! 구급차를 불러 주세요!

11 | 병원에 갔을 때

Was fehlt Ihnen?
어디가 아프십니까?

 **Grundausdrücke**

▸ **Was fehlt Ihnen?**

어디가 아프십니까?

▸ **Seit wann fühlen Sie sich nicht wohl?**

언제부터 몸이 불편하십니까?

▸ **Haben Sie Kopfschmerzen?**

머리가 아프십니까?

▸ **Ich huste stark.**

저는 기침을 심하게 합니다.

▸ **Ich habe mich erkältet.**

저는 감기에 걸렸습니다.

Wir lernen!

- **Was fehlt Ihnen?** 어디가 아프십니까?
- **Was fehlt dir?** 어디가 아프니?
- **Seit wann …?** 언제부터 …?
- **Kopfschmerzen haben** 머리가 아프다
- **stark husten** 기침을 심하게 하다
- **sich⁴ erkälten** 감기 들다
- **Fieber haben** 열이 있다
- **erkältet sein** 감기에 걸려 있다
- **Schmerzen im Hals haben** 목이 아프다
- **die Lungenentzündung** 폐렴
- **schlimm** (상태가) 나쁜
- **jm. ein Rezept schreiben** (누구)에게 처방을 써주다

Dialoge

A Was fehlt Ihnen?
어디가 아프십니까?

B Ich habe Kopfschmerzen. Ich habe auch Fieber.
머리가 아픕니다. 열도 나고요.

A Sie sind erkältet.
감기에 걸리셨군요.

B Ich habe Schmerzen im Hals.
목이 아픕니다.

A Sie haben eine leichte Lungenentzündung.
가벼운 폐렴입니다.

B Ist das schlimm? Was soll ich tun?
상태가 나쁜가요? 어떻게 해야 합니까?

A Nun werde ich Ihnen ein Rezept schreiben.
처방을 써 드릴게요.

B Danke sehr! Wann soll ich wiederkommen?
대단히 감사합니다. 언제 다시 와야 합니까?

Textverstehen!

▶ 「어디가 아프십니까?」의 여러 가지 표현
Was fehlt Ihnen?
Wo tut es Ihnen weh?
Wo haben Sie Schmerzen?

▶ Ich habe Kopfschmerzen. (= Mir tut der Kopf weh.) 저는 머리가 아픕니다.
Ich habe Bauchschmerzen. (= Mir tut der Bauch weh.) 저는 배가 아픕니다.

12 | 약국에서 약을 살 때

Geben Sie mir ein Erkältungsmittel!

감기약 주세요.

 Grundausdrücke

▶ **Geben Sie mir bitte ein gutes Erkältungsmittel!**

잘 듣는 감기약 주세요.

▶ **Können Sie mir dieses Rezept geben?**

이 처방전으로 약을 지어 주실 수 있습니까?

▶ **Ich möchte Medizin für zwei Tage.**

2일분 약을 주세요.

▶ **Haben Sie ein Rezept?**

처방전이 있습니까?

▶ **Ich möchte Aspirin.**

아스피린을 사려고 하는데요.

 Wir lernen!

- das Erkältungsmittel 감기약
- das Rezept 처방[전]
- die Medizin 의학; 약
- die Apotheke 약국
- jm. et.⁴ empfehlen
  (누구)에게 (무엇)을 추천하다, 권하다
- täglich (= jeden Tag) 매일

Dialoge

🔊 9-12.mp3

A Bitte, ist hier in der Nähe eine Apotheke?
이 부근에 약국이 있습니까?

B Dort an der Ecke können Sie die Apotheke sehen.
저 모퉁이에서 약국이 보입니다.

A Können Sie mir dieses Rezept geben?
이 처방전으로 약을 지어 주실 수 있습니까?

B Sehr gern! Einen Augenblick, bitte!
그럼요. 잠시만 기다려 주세요.

A Ich möchte Vitamintabletten.
비타민을 사려고 하는데요.

B Ich kann das empfehlen.
이것을 권해 드리지요.

A Nehmen Sie das dreimal täglich nach dem Essen!
이것을 하루 세 번 식후에 복용하십시오.

B Vielen Dank!
대단히 감사합니다.

Textverstehen!

▶ Bitte geben Sie mir ein Erkältungsmittel! 감기약 주세요.
Bitte geben Sie mir ein Schmerzmittel! 진통제 주세요.

▶ Ich möchte Aspirin. 아스피린을 사려고 하는데요.
Ich möchte Vitamintabletten. 비타민을 사려고 하는데요.
Ich möchte ein Medikament gegen Erkältung. 감기약을 사려고 하는데요.
Ich möchte ein Medikament gegen Kopfschmerzen. 두통약을 사려고 하는데요.

인체 | Der menschliche Körper

- der Kopf 머리
- das Haar 머리카락
- die Stirn 이마
- das Auge 눈
- die Nase 코
- der Mund 입
- das Kinn 턱
- das Gesicht 얼굴
- das Ohr 귀
- der Arm 팔
- der Hals 목
- die Schulter 어깨
- der Ellbogen 팔꿈치
- die Brust 가슴
- der Finger 손가락
- die Hand 손
- der Bauch 배
- das Bein 다리
- das Knie 무릎
- der Fuß 발

부록

문법 변화표
분야별 활용 단어

der Anhang

문법 변화표

1. 정관사의 격변화

	m.	f.	n.	pl.
1격	der	die	das	die
2격	des	der	des	der
3격	dem	der	dem	den
4격	den	die	das	die

	m.	f.	n.	pl.
1격	der Vater	die Mutter	das Mädchen	die Eltern
2격	des Vaters	der Mutter	des Mädchens	der Eltern
3격	dem Vater	der Mutter	dem Mädchen	den Eltern
4격	den Vater	die Mutter	das Mädchen	die Eltern

 ① 남성명사의 대부분은 단수 2격에 -s 또는 -es를 붙인다.
② 여성명사는 모두 단수에서는 어미가 붙지 않는다.
③ 중성명사는 모두 단수 2격에 -s 또는 -es를 붙인다.

- 정관사류의 격변화

	m.	f.	n.	pl.
1격	dieser	diese	dieses	diese
2격	dieses	dieser	dieses	dieser
3격	diesem	dieser	diesem	diesen
4격	diesen	diese	dieses	diese

■ **정관사류** : **dieser**(this), **jener**(that), **solcher**(such), **welcher**(which), **jeder**, **aller**(all), **mancher**(many)

	m.	f.	n.	pl.
1격	dieser Mann	jene Frau	solches Kind	alle Eltern
2격	dieses Mannes	jener Frau	solches Kindes	aller Eltern
3격	diesem Mann(e)	jener Frau	solchem Kind(e)	allen Eltern
4격	diesen Mann	jene Frau	solches Kind	alle Eltern

2. 부정관사의 격변화

	m.	f.	n.
1격	ein	eine	ein
2격	eines	einer	eines
3격	einem	einer	einem
4격	einen	eine	ein

	m.	f.	n.
1격	ein Onkel	eine Tante	ein Kind
2격	eines Onkels	einer Tante	eines Kindes
3격	einem Onkel	einer Tante	einem Kind(e)
4격	einen Onkel	eine Tante	ein Kind

– 부정관사류의 격변화

	m.	f.	n.	pl.
1격	mein	meine	mein	meine
2격	meines	meiner	meines	meiner
3격	meinem	meiner	meinem	meinen
4격	meinen	meine	mein	meine

■ **부정관사류**: 소유대명사와 kein은 단수명사와 함께 쓰이면 부정관사의 어미변화를, 복수명사와 함께 쓰이면 정관사의 복수어미 변화를 한다.

소유대명사: mein(나의), dein(너의), sein(그의), ihr(그녀의), sein(그것의), unser(우리들의), euer(너희들의), ihr(그들의), Ihr(당신(들)의)

	m.	f.	n.	pl.
1격	mein Vater	deine Mutter	sein Haus	unsere Eltern
2격	meines Vaters	deiner Mutter	seines Hauses	unserer Eltern
3격	meinem Vater	deiner Mutter	seinem Haus(e)	unseren Eltern
4격	meinen Vater	deine Mutter	sein Haus	unsere Eltern

3. 동사의 현재 인칭 변화(1)

	현재 인칭 어미	lieben	arbeiten	reisen
ich	_e	lieb-e	arbeite	reise
du	_st	lieb-st	arbeitest	reist
er/sie/es	_t	lieb-t	arbeitet	reist
wir	_en	lieb-en	arbeiten	reisen
ihr	_t	lieb-t	arbeitet	reist
sie	_en	lieb-en	arbeiten	reisen
Sie	_en	lieb-en	arbeiten	reisen

	heißen	tun	handeln
ich	heiße	tue	hand(e)le
du	heißt	tust	handelst
er	heißt	tut	handelt
wir	heißen	tun	handeln
ihr	heißt	tut	handelt
sie	heißen	tun	handeln
Sie	heißen	tun	handeln

 ① 복수 1인칭, 3인칭과 존칭은 동사의 부정형과 동일한 형태이다.
② 어간이 처음 -s, -ss, -ß, -sch, -z, -tz로 끝나는 동사는 du에서 t 또는 est를 붙인다.

■ sein, haben, werden 동사의 현재 인칭 변화

	sein	haben	werden
ich	bin	habe	werde
du	bist	hast	wirst
er	ist	hat	wird
wir	sind	haben	werden
ihr	seid	habt	werdet
sie	sind	haben	werden
Sie	sind	haben	werden

 sein 동사를 제외한 모든 동사의 복수 변화는 규칙적이다.

4. 동사의 현재 인칭 변화(2) : 강변화 동사

강변화 동사로서 간모음(幹母音)이 a 또는 e인 동사는 du와 er에서 다음과 같이 어간 모음이 변한다.

	① a → ä fahren	② e[ɛ] → i helfen	③ e[eː] → ie sehen
ich	fahre	helfe	sehe
du	fährst	hilfst	siehst
er	fährt	hilft	sieht
wir	fahren	helfen	sehen
ihr	fahrt	helft	seht
sie	fahren	helfen	sehen

⚠ 모음의 장단(長短)은 그 뒤에 오는 자음의 수에 따라 정해진다.
즉, 모음 다음에 자음이 하나이면 장음, 자음이 둘 이상이면 단음이다.

■ 특수 변화 동사

	nehmen	treten	geben	laden	wisen
ich	nehme	trete	gebe	lade	weiß
du	nimmst	trittst	gibst	lädst	weißt
er	nimmt	tritt	gibt	lädt	weiß
wir	nehmen	treten	geben	laden	wissen
ihr	nehmt	tretet	gebt	ladet	wißt
sie	nehmen	treten	geben	laden	wissen

5. 화법조동사의 현재 인칭 변화

	dürfen	können	mögen	müssen	sollen	wollen
ich	darf	kann	mag	muß	soll	will
du	darfst	kannst	magst	mußt	sollst	willst
er	darf	kann	mag	muß	soll	will
wir	dürfen	können	mögen	müssen	sollen	wollen
ihr	dürft	könnt	mögt	müßt	sollt	wollt
sie	dürfen	können	mögen	müssen	sollen	wollen

6. 인칭대명사

	1인칭	2인칭		3인칭		
		친칭	경칭	*m.*	*f.*	*n.*
단수 1격	ich	du	Sie	er	sie	es
2격	-	-	-	-	-	-
3격	mir	dir	Ihnen	ihm	ihr	ihm
4격	mich	dich	Sie	ihn	sie	es
복수 1격	wir	ihr	Sie	sie		
2격	-	-	-	-		
3격	uns	euch	Ihnen	ihnen		
4격	uns	euch	Sie	sie		

 인칭대명사의 2격은 소유의 뜻이 없으며, 다만 2격지배 동사, 2격지배 형용사, 2격지배 전치사와 함께 쓰인다.

7. 복합시칭

현재완료 : haben · sein의 현재 인칭 변화 ·············· 과거분사
과거완료 : haben · sein의 과거 인칭 변화 ·············· 과거분사
미　 래 : werden의 현재 인칭 변화 ··················· 부정형

8. 수동형

현　 재 : werden ·· 과거분사
과　 거 : wurde ·· 과거분사
현재완료 : sein ·· 과거분사 + worden

 werden의 과거분사는 geworden이지만, 수동의 조동사로서의 과거분사는 ge-를 뺀 worden이다.

der Anhang

9. 명사의 복수형

단수	복수		보기
1) der Onkel	die Onkel	–	der Schüler
das Fenster	die Fenster		das Mädchen
der Apfel	die Äpfel	¨	der Bruder
die Tochter	die Töchter		die Mutter
2) der Tisch	die Tische	-e	der Freund
das Heft	die Hefte		das Jahr
der Platz	die Plätze	¨e	der Stuhl
die Stadt	die Städte		die Nacht
3) das Kind	die Kinder	-er	das Kleid
das Bild	die Bilder		das Lied
der Mann	die Männer	¨er	der Wald
das Buch	die Bücher		das Haus
4) die Frau	die Frauen	-(e)n	der Student
die Karte	die Karten		die Schwester

10. 형용사의 변화

1) 형용사의 강변화 (형용사 + 명사)

m.	f.	n.	pl.
guter Mann	gute Frau	gutes Kind	gute Kinder
guten Mann(e)s	guter Frau	guten Kindes	guter Kinder
gutem Mann(e)	guter Frau	gutem Kinde	guten Kindern
guten Mann	gute Frau	gutes Kind	gute Kinder

⚠️ 형용사의 어미는 정관사의 어미와 같다.
- 남성 2격의 형용사 어미는 명사의 2격 어미가 -s일 때 -en으로 한다.
- 중성 2격의 형용사 어미는 언제나 -en이다.

부록 251

2) 형용사의 약변화 (der[dieser] + 형용사 + 명사)

m.	f.	n.
der gute Mann	die gute Frau	das gute Kind
des guten Mannes	der guten Frau	des guten Kindes
dem guten Manne	der guten Frau	dem guten Kinde
den guten Mann	die gute Frau	das gute Kind

pl.
die guten Männer (Frauen, Kinder)
der guten Männer (Frauen, Kinder)
den guten Männern (Frauen, Kindern)
die guten Männer (Frauen, Kinder)

 약변화 어미의 특징: 남성 1격과 여성·중성 1격과 4격은 -e이고, 나머지는 모두 -en이다.

3) 형용사의 혼합변화 (ein[mein] + 형용사 + 명사)

m.	f.	n.
ein guter Mann	eine gute Frau	ein gutes Kind
eines guten Mann[e]s	einer guten Frau	eines guten Kindes
einem guten Mann[e]	einer guten Frau	einem guten Kind
einen guten Mann	eine gute Frau	ein gutes Kind

pl.		
[강] gute Männer	[약] meine guten Kinder
guter Männer	meiner guten Kinder
guten Männern	meinen guten Kindern
gute Männer	meine guten Kinder

 혼합변화의 단수: 단수 1격·4격은 정관사 어미와 같고, 2격·3격은 모두 -en이다.

혼합변화의 복수: 부정관사 ein은 복수형이 없기 때문에 복수에서는 강변화의 복수형을 취한다. mein과 kein 등은 복수에서 정관사 어미 변화를 하므로 형용사는 약변화의 복수형을 취한다.

분야별 활용 단어

가족 | Familie

die Familie [famíːliə] 가족
die Eltern (pl.) 부모
die Großeltern (pl.) 조부모
der Vater 아버지
die Mutter 어머니
der Großvater 할아버지
die Großmutter 할머니
der Urgroßvater 증조할아버지
die Urgroßmutter 증조할머니
der Sohn 아들
die Tochter 딸
der Enkel 손자
die Enkelin 손녀
der Bruder 형제
die Schwester 자매
das Geschwister 형제자매
der Neffe 조카
die Nichte 질녀
der Onkel 아저씨, 숙부, 백부
die Tante 아주머니, 숙모, 백모
der Vetter 사촌, 종형제
die Kusine (= Cousine) 종자매
der Mann (= der Gatte) 남편
die Frau (= die Gattin) 아내
das Ehepaar 부부
der Bräutigam 신랑
die Braut 신부
der (die) Verwandte 친척
die Verwandten 친척들
der (die) Alte 노인
die Alten 노인들
das Kind 어린이
die Kinder 어린이들
der (die) Verlobte 약혼자
der Schwiegervater 시아버지; 장인
die Schwiegermutter 시어머니; 장모
der Schwiegersohn 사위
die Schwiegertochter 며느리

음식 | Essen

das Getränk 음료, 마실 것
essen 먹다
trinken 마시다
die Mahlzeit (정규의) 식사
das Essen 식사; 음식
das Frühstück 아침식사
frühstücken 아침식사를 하다
das Mittagessen 점심식사
zu Mittag essen 점심식사를 하다
das Abendessen 저녁식사
zu Abend essen 저녁식사를 하다
das Restaurant 레스토랑
der Speisesaal 식당
der Café; 카페

der Ober 종업원, 웨이터
das Fräulein 아가씨
die Speisekarte 메뉴판
die Rechnung 계산서
der Reis 쌀, 쌀밥
das Brot 빵
das Brötchen 작은 빵
der Toast 토스트
die Suppe 수프
die Wurst 소시지
die Kartoffel 감자
das Ei 달걀
die Butter 버터
der Käse 치즈
der Schinken 햄
die Marmelade 잼
das Fleisch 고기
der Braten 불고기
der Fisch 생선
das Huhn 닭, 닭고기
das Beefsteak 비프스테이크
der Löffel 스푼
die Gabel 포크
das Messer 나이프
das Gemüse 야채
der Salat 샐러드
der Obst 과일
der Kuchen 케이크
der Nachtisch 디저트
das Wasser 물
ein Glas Wasser 물 한 잔

der Kaffee 커피
eine Tasse Kaffee 커피 한 잔
der Tee 차
eine Tasse Tee 차 한 잔
die Milch 우유
ein Glas Milch 우유 한 잔
der Orangensaft 오렌지 주스
der Wein 포도주
ein Glas Wein 포도주 한 잔
das Bier 맥주
ein Glas Bier 맥주 한 잔
der Whisky 위스키
das Eis 얼음
der Zucker 설탕
das Salz 소금
die Soße 소스

시간 | Zeit

die Zeit 시간
der Tag 낮; 날(日)
die Woche 주(週)
der Monat 월(月)
das Jahr 년(年)
der Morgen 아침
der Vormittag 오전
der Mittag 정오
der Nachmittag 오후
der Abend 저녁
die Nacht 밤
das Wochenende 주말
die Uhr 시계; 시(時)

der Anhang

die Stunde 시간
die Minute 분
die Sekunde 초
der Wochentag 요일
der Montag 월요일
der Dienstag 화요일
der Mittwoch 수요일
der Donnerstag 목요일
der Freitag 금요일
der Samstag 토요일 (남독일에서)
der Sonnabend 토요일 (북독일에서)
der Januar 1월
der Februar 2월
der März 3월
der April 4월
der Mai 5월
der Juni 6월
der Jul 7월
der August 8월
der September 9월
der Oktober 10월
der November 11월
der Dezember 12월
die Jahreszeit 계절
der Frühling 봄
der Sommer 여름
der Herbst 가을
der Winter 겨울
vorgestern 그제
gestern 어제
heute 오늘

morgen 내일
übermorgen 모레
morgens (= am Morgen) 아침에
vormittags (= am Vormittag) 오전에
mittags (= am Mittag) 정오에
nachmittags (= am Nachmittag) 오후에
abends (= am Abend) 저녁에
nachts (= in der Nacht) 밤에
gestern früh 어제 아침에
gestern abend 어제 저녁에
heute morgen 오늘 아침에
heute abend 오늘 저녁에
heute nacht 오늘밤에 ; 간밤에
morgen früh 내일 아침에
morgen abend 내일 저녁에
morgens früh (= früh morgens) 아침 일찍
jeden Morgen 매일 아침
jeden Tag 매일
jeden Abend 매일 저녁
jede Nacht 매일 밤
diese Woche 이번 주에
diesen Monat 이번 달에
dieses Jahr 금년에
nächste Woche 다음 주에
nächsten Monat 다음 달에
nächste Jahr 내년에
vorige (= letzte) Woche 지난 주에
vorigen (= letzten) Monat 지난 달에
voriges (= letztes) Jahr 지난 해에
eines Morgens 어느 날 아침에
eines Tages 어느 날

부록

eines Abends 어느 날 저녁에
eines Nachts 어느 날 밤에
den ganzen Tag 온종일
die ganze Nacht 밤새도록
die ganze Woche 일주일 내내
den ganzen Monat 한달 내내
das ganze Jahr 일년 내내

직업 | Beruf

der Beruf 직업
der Lehrer 교사
der Professor 교수
der Schüler (고등학교 이하의) 학생
der Student 대학생
der Arzt 의사
der Zahnarzt 치과의사
die Krankenschwester 간호사
der Arbeiter 노동자
der Autofahrer 자동차 운전사
der Soldat 군인
der Polizist (= der Schutzmann) 경찰관
der Kaufmann 상인
der Bauer 농부
der Fischer 어부
der Sänger 가수
der Schauspieler 배우
der Filmschauspieler 영화배우
der Pfarrer 목사
der Friseur[frizó:r] 이발사
der Politiker 정치가
der Richter 판사
der Ingenieur 엔지니어
der Beamte 공무원
der Angestellte 회사원
der Bankangestellte 은행원
der Briefträger 우편배달부
der Schneider 재단사
der Bäcker 빵 굽는 사람
der Maler 화가
der Schriftsteller 작가
der Künstler 예술가
der Musiker 음악가
der Schaffner 차장
der Zollbeamte 세관원

학교 | Schule

die Schule 학교
der Kindergarten 유치원
die Volksschulle 초등학교
die Grundschule (독일의 4년제) 기초학교
die Mittelschule 중학교
die höhere Schule 고등학교
das Gymnasium (독일의 9년제) 중·고등학교
die Hochschule 단과대학
die Universität 종합대학
die staatliche Universität 국립대학
die Privatuniversität 사립대학
die medizinische Hochschule 의과대학
die technische Hochschule 공과대학
die pädagogische Hochschule 교육대학

die Hochschule für Musik 음악대학
die Hochschule für bildende Künste 미술대학
die Fakultät (대학의) 학부
die literarische Fakultät 문학부
die naturwissenschaftliche Fakultät 이학부
die juristische Fakultät 법학부
die wirtschaftliche Fakultät 경제학부
die medizinische Fakultät 의학부
die Fachschule 전문학교
der Lehrer / die Lehrerin 교사
der Schüler / die Schülerin (고등학교 이하의) 학생
der Student / die Studentin 대학생
der Professor 교수
der Dozent 강사
der Rektor 학장
der Direktor 교장
das Examen (= die Prüfung) 시험
das Eintrittsexamen 입학시험
die Erziehung 교육
die Vorlesung 강의
der Unterricht 수업
der Stundenplan 시간표
das Studium 연구
das Schuljahr 학년
das Semester 학기
die Ferien (pl.) 방학
die Sommerferien 여름방학
die Winterferien 겨울방학
das Schulgeld 수업료

das Stipendium 장학금
die Zensur 성적
das Abgangszeugnis 졸업증서

여행과 교통 | Reise und Verkehr

die Reise 여행
reisen 여행하다
der Reisepaß 여권
der Führerschein 운전면허증
der Reisescheck 여행자 수표
die Kreditkarte 신용카드
das Reisebüro 여행사
die Sehenswürdigkeit 명소(名所)
die Stadtrundfahrt 시내 관광
die Touristeninformation 관광 안내소
der Tourist 관광객
der Urlaub 휴가
der Koffer 트렁크, 여행용 가방
der Stadtplan 시가지도
das Rathaus 시청
der Marktplatz (도시의) 중앙광장
die Stadtmitte 시의 중심부
das Museum 박물관; 미술관
der Dom 대성당
der Park 공원
das Gebäude 건물
die Polizeiwache 파출소
die Straße 도로, 거리
die Straßenkreuzung 교차로
der Bus (= der Autobus) 버스
die Bushaltestelle 버스 정류장

die U-Bahn 지하철
die U-Bahn-Station 지하철역
die Straßenbahn 시가전차
dir Bahnhof (=die Station) 역
der Hauptbahnhof 중앙역
die Fahrkarte 차표
das Taxi 택시
der Taxifahrer 택시 운전사
der Zug 기차
der Personenzug 보통열차
der Eilzug 준급행
der Schnellzug (=der D-Zug) 급행열차
der Expreß 특급열차
der Speisewagen 식당칸
der Schlafwagen 침대칸
das Abteil (기차의) 칸막이 객실
der Wartesaal 대합실
das Kursbuch 기차 시간표
der Schaffner 차장
die Auskunftsstelle 역 안내소
der Flughafen 공항
das Flugzeug (=die Maschine) 비행기
das Hotel 호텔
das Zimmer 방
das Einzelzimmer 1인실
das Doppelzimmer 2인실
das Bad 욕실
die Dusche 샤워시설
das Gasthaus 여관 ; 음식점
die Jugendherberge 유스호스텔
die Fernsprechzelle 공중전화
die Übernachtung 숙박
die Toilette 화장실

쇼핑 | Einkäufe

der Einkauf[-es, ...käufe] 구입
einkaufen 구입하다
kaufen 사다
wählen 고르다
bestellen 주문하다
einpacken 포장하다
das Warenhaus (=das Kaufhaus) 백화점
der Supermarkt 슈퍼마켓
der Laden (=das Geschäft) 가게, 상점
die Buchhandlung 서점
das Schreibwarengeschäft 문방구
die Bäckerei 제과점
das Lebensmittelgeschäft 식료품점
das Schuhgeschäft 제화점
das Hutgeschäft 모자가게
der Obstladen 과일가게
das Zigarrenladen 담배가게
der Verkäufer 점원
die Verkäuferin 여점원
der Kunde / die Kundin 고객
der Gast 손님
der Preis 값, 요금
die Kasse 계산대
das Kleid 옷
der Anzug 신사복
der Rock (여성용)스커트 ; (남성용)상의
die Bluse 블라우스

die Krawatte 넥타이
der Mantel 외투
die Jacke 자켓
die Hose 바지
die Tasche 가방
die Uhr 시계
die Brille 안경
der Hut 모자
die Schuhe (pl.) 구두
der Briefumschlag 편지봉투
der Kugelschreiber 볼펜
das Feuerzeug 라이터
die Zigarette 담배
die Zigarre 여송연
die Rolltreppe 에스컬레이터
der Fahrstuhl 엘리베이터
die Sache 물건
die Ware 상품
der Whisky 위스키
zollfreie Waren 면세품

우편 | Post

die Post 우편 ; 우체국
das Postamt 우체국
die Hauptpost 중앙 우체국
der Postbeamte 우체국 직원
der Briefträger (= der Postbote) 우편배달부
der Absender 발송인, 발신인
der Empfänger 수취인
der Brief 편지
die Postleitzahl 우편번호
das Datum 날짜
die Postkarte 엽서
die Ansichtskarte 그림엽서
das Telegramm 전보
das dringende Telegramm 지급 전보
das Paket 소포
das Päckchen (우편)소포
das Porto 우편 요금
die Briefmarke 우표
der Briefkasten 우체통
das Briefpapier 편지지
der Briefumschlag 편지봉투
die Luftpost (= die Flugpost) 항공우편
der Luftpostbrief 항공우편
die gewöhnliche Post 보통우편
die Eilpost 속달우편
der Eilbrief 속달편지
die Drucksache 인쇄물
der Schalter 창구
der Paketschalter 소포창구
das Telegraphenamt 전신국

날씨와 계절 | Wetter und Jahreszeiten

das Wetter 날씨
die Jahreszeit 계절
das Klima 기후
die Luft 공기
der Himmel 하늘
der Sonnenschein 햇빛
der Regen 비

der Schnee 눈
der Hagel 우박
die Wolke 구름
der Sturm 폭풍
der Wind 바람
der Donner 천둥
der Blitz 번개
der Regenbogen 무지개
der Nebel 안개
der Tau 이슬
der Reif (=der Frost) 서리
die Temperatur 온도; 기온
die Hitze 더위
die Kälte 추위
die Wettervoraussage 일기예보
der Wetterbericht 기상통보
Es ist schön. 날씨가 좋다.
Es ist schlecht. 날씨가 나쁘다.
Es ist trübe. 날씨가 흐리다.
Es ist warm. (날씨가) 따뜻하다.
Es ist kalt. (날씨가) 춥다.
Es ist heiß. (날씨가) 덥다.
Es ist schwül. (날씨가) 무덥다.
Es wird kalt. 추워진다.
Es wird Herbst. 가을이 된다.
Es regnet. 비가 온다.
Es schneit. 눈이 온다.
Es donnert. 천둥이 친다.
Es blitzt. 번개가 번쩍인다.
Es hagelt. 우박이 내린다.
Es nebelt. 안개가 낀다.

Es ist sonnig. 해가 비친다.
Es ist wolkig. 구름이 낀다.
Es ist regnerisch. 비가 올 듯하다.
Es ist windig. 바람이 분다.

건강과 병 | Gesundheit und Krankheit

die Gesundheit 건강
die Krankheit 병
der Arzt / die Ärztin 의사
der Zahnarzt 치과의사
die Krankenschwester 간호사
das Krankenhaus 병원
die Universitätsklinik 대학병원
der (die) Kranke 환자
die Sprechstunde 진찰시간
das Sprechzimmer 진찰실
die Untersuchung 진찰
das Krankheitszeichen 증상
die Behandlung 치료
die Operation 수술
die Erkältung 감기
die Grippe 독감
der Krebs 암
der Magenkrebs 위암
der Lungenkrebs 폐암
der hohe Blutdruck 고혈압
die Zuckerkrankheit 당뇨병
die Lungenentzündung 폐렴
die Lungentuberkulose 폐결핵
die Blinddarmentzündung 맹장염
der Gehirnschlag 뇌졸증

die Gehirnblutung 뇌일혈
die Genesung (= die Besserung) 회복
die Medizin 약; 의학
der Apotheker 약사
sich⁴ erkälten 감기 들다
Fieber haben 열이 있다
Husten haben 기침을 하다
die Grippe haben 독감에 걸리다
Durchfall haben 설사를 하다
Kopfschmerzen haben 머리가 아프다
Zahnschmerzen haben 이가 아프다
Bauchschmerzen haben 배가 아프다
Magenschmerzen haben 위가 아프다
Ohrenschmerzen haben 귀가 아프다
Halsschmerzen haben 목이 아프다
Arznei nehmen (= einnehmen)
 약을 복용하다
zur Apotheke gehen 약국에 가다

스포츠와 취미 | Sport und Hobby

der Sport 스포츠
das Hobby [-s, -s] 취미
der Sportplatz 운동장
die Olympischen Spiele 올림픽 경기
das Olympische Stadion
 올림픽 경기장
die Mannschaft 선수단, 팀
der Weltrekord 세계기록
der Wettkampf 경기, 시합
der Ball 공
der Fußball 축구

das Fußballspiel 축구경기
der Fußballspieler 축구선수
der Baseball 야구
der Korbball 농구
der Bolleyball [vɔ́libəl] 배구
das Tennis 테니스
der Tennisplatz 테니스장
das Tischtennis 탁구
das Golf 골프
der Golfplatz 골프장
das Schwimmen 수영
das Fischen (= das Angeln) 낚시
das Reiten 승마
das Schießen 사격
das Turnen 체조
die Turnhalle 체육관
das Boxen (= der Boxkampf) 복싱
dar Boxer 권투 선수
der Marathonlauf 마라톤 경주
der Marathonläufer 마라톤 선수
der Wintersport 겨울 스포츠
der Ski (= der Schi) 스키
der Skiläufer 스키 선수
der Schlittschuh 스케이트
der Bergsteigen 등산
der Bergsteiger 등산가
die Jagd 사냥
der Jäger 사냥꾼
Sport treiben 운동을 하다
Fußball spielen 축구를 하다
Tennis spielen 테니스를 하다

Karten spielen 카드놀이를 하다
Klavier spielen 피아노를 치다
Violine spielen 바이올린을 연주하다
Ski laufen gehen 스키를 타러가다
Schlittschuh laufen 스케이트를 타다
schwimmen gehen 수영하러 가다
eine Reise machen 여행하다
einen Spaziergang machen 산책하다
gern reisen 여행을 좋아하다
gern schwimmen 수영을 좋아하다
gern fernsehen 텔리비전을 즐겨 보다
gern Musik hören 음악 듣기를 좋아하다
gern auf den Berg steigen
  등산을 좋아하다

인체 | Der menschliche Körper

der Körper 신체
der Kopf 머리
das Haar 머리털
das Gesicht 얼굴
die Wange (=die Backe) 뺨
die Stirn 이마
das Auge 눈
die Augenbraue 눈썹
die Nase 코
der Mund 입
der Bart 수염
die Lippe 입술
die Zunge 혀
der Zahn 이
das Ohr 귀

das Kinn 턱
der Hals 목
die Haut 피부
der Rumpf 몸통
der Rücken 등
die Schulter 어깨
die Brust 가슴
die Hüfte 허리, 엉덩이
der Bauch 배
die Glieder (pl.) 사지
der Arm 팔
der Ellbogen 팔꿈치
die Hand 손
der Finger 손가락
der Daumen 엄지가락
der Zeigefinger 집게손가락
der Mittelfinger 가운데 손가락
der Ringfinger 약손가락
der kleine Finger 새끼손가락
die Faust 주먹
das Bein 다리
das Knie 무릎
der Fuß 발
der Zeh 발가락
der Nagel (손·발)톱
die Lunge 폐
das Herz 심장
der Magen 위
die Nieren 신장
die Leber 간
der Darm 장

형용사(부사)의 반대어

- arm 가난한
  reich 부유한
- alt 늙은(낡은)
  jung (od. neu) 젊은(새로운)
- kalt 추운
  warm (od. heiß) 따듯한(더운)
- frei (방·좌석이) 비어 있는
  besetzt 주인이 있는
- billig 값싼
  teuer 값비싼
- breit 넓은
  schmal 좁은
- dick 두꺼운(뚱뚱한)
  dünn 얇은(홀쭉한)
- kurz 짧은
  lang 긴
- nah(e) 가까운
  fern 먼
- nützlich 유익한
  schädlich 해로운
- früh 이른
  spät 늦은
- gut 좋은
  schlecht 나쁜
- stark 강한
  schwach 약한
- viel 많은
  wenig 적은
- glücklich 행복한
  unglücklich 불행한
- groß 큰
  klein 작은
- langsam 느린
  schnell 빠른
- dunkel 어두운
  hell 밝은
- leer 빈
  voll 가득찬
- richtig (od. recht) 올바른(맞는)
  falsch 거짓의(틀린)
- leicht 가벼운(쉬운)
  schwer 무거운(어려운)
- link(s) 왼쪽의(에)
  recht(s) 오른쪽의(에)
- fleißig 부지런한
  faul 게으른
- gesund 건강한
  krank 병든
- oben 위에
  unten 아래에
- innen 안에
  außen 밖에
- vorn 앞에
  hinten 뒤에
- hoch 높은
  niedrig 낮은
- möglich 가능한
  unmöglich 불가능한
- sauber 깨끗한
  schmutzig 더러운
- lebendig 살아있는
  tot 죽은